2009 年 6 月 16 日，由工业和信息化部、国家质检总局、商务部、中国人民银行、国家工商总局共同主办的“质量和安全年”质量诚信论坛在京开幕。全国人大副委员长周铁农（左四）出席开幕式

2009 年 6 月 16 日，工业和信息化部部长李毅中在质量诚信论坛上指出，加强质量诚信建设是应对国际金融危机，落实扩内需、保增长、调结构的政策措施，促进经济平稳较快发展的重要举措，也是推进社会信用体系建设、健全和完善社会主义市场经济体制的重要内容，也是坚持以人为本，维护消费者合法权益，促进民生改善，社会和谐的重要保障，更是企业强化内部管理，增强市场竞争力，实现持续健康发展的重要手段

2009 年 7 月 23 日，工业和信息化部、国家认监委、黑龙江省政府签署《合作备忘录》，提出了“企业加强食品防护质量管理和诚信体系建设、监管部门加强非传统食品安全风险监测和预警、地方政府加强食品安全区域化建设和管理”三位一体、整体推进的工作思路

2009年12月30日，工业和信息化部、国家发改委、监察部、农业部、商务部、卫生部、中国人民银行、国家工商总局、国家质检总局和国家食品药品监管局等10部委在人民大会堂举办《食品工业企业诚信体系建设工作指导意见》发布暨试点启动仪式。此次启动仪式标志着全面推进食品工业企业诚信体系建设工作正式启动

2009年10月19日~23日，工业和信息化部消费品工业司在京召开了食品工业企业诚信体系建设专题会。黑龙江省工信委、黑龙江省诚信办、河南省工信厅、中国食品工业协会、中国乳制品工业协会、中国肉类协会、国家认监委认证认可技术研究所等有关单位代表及专家，部内有关司局同志共60余人参加了会议

2010年9月21日，食品工业企业诚信体系建设工作第一次部门联席会议在京召开。国家发改委、科技部、财政部、人力资源和社会保障部、农业部、商务部、卫生部、人民银行、工商总局、质检总局、食品药品监管局、国家认监委、中国轻工业联合会、中国食品工业协会等15个部门和单位的近40名相关同志参加了会议。国务院食品安全委员会办公室同志应邀莅临会议

2010 年 1 月 28 日，黑龙江省工业和信息化委员会、黑龙江省政府诚信办在哈尔滨市召开食品工业企业诚信体系建设动员大会，落实工业和信息化部等 10 部委印发的《食品工业企业诚信体系建设工作指导意见》，在黑龙江省全面推动食品工业企业诚信体系建设及乳制品企业试点工作

2010 年 5 月 14 日，河南省食品工业企业诚信体系建设工作会议召开。工业和信息化部党组成员、总工程师朱宏任出席会议并讲话，国务院食品安全委员会办公室于军副局长出席会议。河南省政府副秘书长赵瑞东，河南省工业和信息化厅党组书记吕清海出席会议并讲话

2010 年 12 月 9 日，工业和信息化部与黑龙江省人民政府共同召开了食品工业企业诚信体系建设试点工作阶段总结暨黑龙江省现场交流会。会议期间，试点省份总结交流了食品工业企业诚信体系建设试点经验，开展了两项行业标准的宣贯

2010 年 12 月 26 日，工业和信息化部部长苗圩同志在全国工业和信息化工作会议上强调，要采取有力措施，坚决遏制各类安全事故发生，加强对行业企业的指导，及时消除安全隐患，配合有关方面抓好食品、药品等质量监管。本次会议，确定了 2011 年要重点抓好的八个方面工作，提出了加快食品工业企业诚信体系建设的要求

2011 年 3 月 10 日，工业和信息化部副部长苏波参加全国政协提案委员会召开的“创新管理，健全机制，加强食品药品安全监管”提案办理协商会议并发言。苏波介绍了 2010 年工业和信息化部积极推进食品企业诚信体系建设、加强三聚氰胺生产经营管理、加强食品药品政策引导和规划制定以及配合开展食品药品安全整顿等工作的情况。报告了 2011 年工业和信息化部将开展的食品药品质量安全重点工作

2011 年 3 月 31 日，工业和信息化部在青岛召开了全国婴幼儿配方乳粉生产企业诚信管理体系建设启动会。工业和信息化部党组成员、总工程师朱宏任出席会议并讲话

CMS

《食品工业企业诚信管理体系(CMS)建立及实施通用要求》

调味品生产企业实施指南

工业和信息化部消费品工业司
国家认证认可监督管理委员会注册管理部　组编
北京市经济和信息化委员会

中国质检出版社

图书在版编目（CIP）数据

《食品工业企业诚信管理体系（CMS）建立及实施通用要求》调味品生产企业实施指南/工业和信息化部消费品工业司，国家认证认可监督管理委员会注册管理部，北京市经济和信息化委员会组编.—北京：中国质检出版社，2011.5（2011.7重印）

ISBN 978-7-5026-3447-6

Ⅰ.①食… Ⅱ.①工… ②国… ③北… Ⅲ.①食品企业—工业企业管理—管理体系—标准—中国—教材 Ⅳ.①F426.82

中国版本图书馆CIP数据核字（2011）第066281号

内 容 提 要

本书是指导调味品生产企业按照QB/T 4111—2010《食品工业企业诚信管理体系（CMS）建立及实施通用要求》建立诚信管理体系编写的参考教材。主要内容包括诚信管理体系标准释义和实施建议等，对企业的诚信管理具有较强的指导意义。

本书可供调味品生产企业及其相关的原辅料、包材等供应方建立诚信管理体系使用。同时，可供各级工业和信息化主管部门、食品行业组织和诚信服务机构的管理人员参考。

中国质检出版社出版发行
北京市朝阳区和平里西街甲2号（100013）
北京市西城区复外三里河北街16号（100045）
网址：www.spc.net.cn
电话：（010）64275360 68523946
中国标准出版社秦皇岛印刷厂印刷
各地新华书店经销

*

开本787×1092 1/16 印张9.25 字数220千字
2011年5月第一版 2011年7月第三次印刷

*

定价：**36.00**元

编　委　会

前　　言

民以食为天，食以安为先。食品是人类赖以生存和发展的基本生活资料，食品安全关系国计民生。随着国民经济的稳步发展，保障食品安全不仅成为保障群众健康、维护社会和谐稳定的现实需要，也体现为深入贯彻落实科学发展观、维护人民根本利益的必然要求。

诚实守信是市场经济的基础，是完善社会主义市场经济和构建社会主义和谐社会的客观要求，诚信体系建设已成为维护正常经济秩序的重要条件。食品工业企业诚信体系建设是保障食品安全的长效机制和治本之策，是实现食品工业可持续发展的重要基石。党中央、国务院领导对诚信体系建设工作高度重视，多次批示，要求加快推进这项工作。《食品安全法》及其实施条例、《轻工业调整和振兴规划》、《国务院办公厅关于印发食品安全整顿工作方案的通知》（国办发［2009］8号）、《国务院办公厅关于印发2010年食品安全整顿工作安排的通知》（国办发［2010］17号）和《国务院办公厅关于印发2011年食品安全重点工作安排的通知》（国办发［2011］12号）均明确提出各有关部门要大力推进食品工业企业诚信体系建设。

工业和信息化部对诚信体系建设工作高度重视，2009年12月30日，我部会同10部门联合发布了《食品工业企业诚信体系建设工作指导意见》（简称《指导意见》）。《指导意见》明确提出，用3年左右时间，初步建立起比较完善的食品工业企业诚信管理体系、诚信信息征集和披露体系、诚信评价体系和政府部门协同推动、行业协会组织实施、食品企业积极参与、诚信责任有效落实的食品工业企业诚信体系运行机制。工业和信息化部、发改委、科技部、财政部、人力资源和社会保障部、农业部、商务部、卫生部、中国人民银行、工商总局、质检总局、食品药品监管局、国家认监委、中国轻工业联合会、中国食品工业协会等15部门（单位）建立了部门联席会议制度，指导和推动工作落实。

开展食品工业企业诚信体系建设要突出抓好三个重要环节。第一，质量是核心。要以加强质量安全诚信为核心、以保障食品质量安全和促进行业健康发展为目标。第二，企业是主体。质量诚信是企业的责任，落实企业主体责任重点是建立企业的诚信管理体系。第三，制度是保障。诚信体系建设要制度先行，明确建立企业诚信管理体系、诚信信息征集披露体系、诚信评价体系等一系列相关制度和标准，逐步形成企业诚信建设的长效机制。

为加快推动企业建立诚信体系，我部组织制定了QB/T 4111—2010《食品工业企业诚信管理体系（CMS）建立及实施通用要求》和QB/T 4112—2010《食品工业企业诚信评价准则》两个行业标准，已于2010年发布实施。近期，组织编写了《〈食品工业企业诚信管理体系（CMS）建立及实施通用要求〉调味品生产企业实施指南》作为调味品生产企业标准宣贯和开展企业诚信建设的培训教材，供地方工业管理部门、行业组织及企业学习和使用。

食品工业诚信体系建设是一项系统工程和长期任务。推进食品工业诚信体系建设，政府部门要加强指导和推动，完善相关政策法规，营造良好的诚信外部环境；行业协会要组织开展宣传培训，指导企业建立诚信制度，加强行业自律；企业要加强制度建设，建立和完善诚信管理体系，开展诚信自查自纠，落实主体责任。让我们共同努力，为营造诚实守信的行业氛围，构建质量安全长效机制，全面提升我国食品质量安全水平和提振消费者信心作出应有的贡献！

工业和信息化部党组成员、总工程师

朱宏任

2011年4月

目　录

第一章　引　　言

【标准条款】

引　言

诚信是食品工业企业的基本要求，《中华人民共和国食品安全法》和《中华人民共和国食品安全法实施条例》对食品工业企业的诚信体系建设提出了要求，也明确了食品工业企业应遵循的诚信原则。

食品工业企业建立及实施以法律为保障、责任为基础和道德为支撑的诚信管理体系，可确保其他管理体系的有效运行。

本标准结合食品工业企业管理特点、资质条件、员工素质、经营能力、经济效益、产品质量、合同履约、社会责任、信用付款（偿债）能力等要求，对食品工业企业的诚信因素与失信风险进行分析，提出对食品工业企业诚信管理体系的建立、实施与持续改进措施，有利于提高食品工业企业产品质量和信誉度。

食品工业企业在建立和实施诚信管理体系时，应以质量诚信为主线，以防范失信风险为重点，建立和实施诚信制度，形成企业诚信教育机制、诚信因素识别机制、体系运行机制、自查自纠改进机制、征信评价机制和失信惩戒公示机制，将诚信理念体现在企业的发展战略中，并遵循图1所示的运行模式，与其他管理体系相融合（如质量管理体系、危害分析与关键控制点体系和良好生产规范等），并建立必要的诚信档案。

本标准规定了食品工业企业建立和实施诚信管理体系时的基本要求。

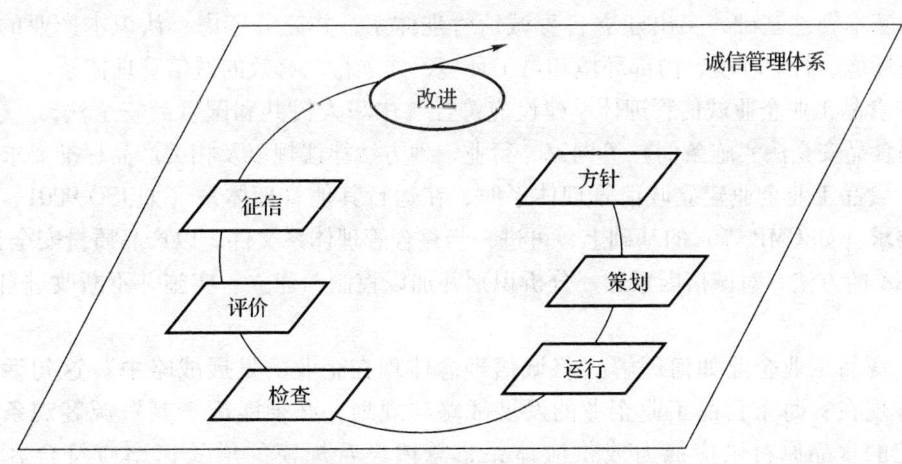

图1　本标准的诚信管理体系（CMS）模式

注：

方针：指诚信方针，是食品工业企业对诚信承诺遵守的原则，指导食品工业企业诚信管理体系建立及实施的整个过程。

策划：建立所需的目标和过程，以实现食品工业企业的诚信方针所期望的结果。

运行：对策划结果予以实施运行。

检查：根据诚信方针、目标、指标以及法律法规、政策和其他要求，对运行过程进行监测和测量，并报告其结果。

评价：包括了食品工业企业建立及实施诚信管理体系过程中的自我评价和征信评价。

征信：验证诚信管理体系运行有效性的方法之一。

改进：采取措施，以保证诚信管理体系有效。

【理解要点】

（1）三鹿牌婴幼儿奶粉事件发生后，党中央、国务院及全社会都在密切关注食品安全，针对食品安全，国家制定、出台了一系列配套方针和政策，发布了《中华人民共和国食品安全法》和《中华人民共和国食品安全法实施条例》，为营造食品工业企业诚信大环境创造了有利条件。所以，食品工业企业推进诚信管理体系建设，必须是以质量诚信、保障产品安全为主要内容，充分结合自身管理状况、资质条件、职工素质、发展与经营能力、经济效益、偿债能力、保障能力、合同履约与履行社会责任能力以及关键岗位人员诚信行为，使企业能够对自身的诚信因素与失信风险进行系统分析，客观实施与评价自身诚信建设，持续改进诚信管理体系。

（2）食品工业企业建立诚信管理体系，是社会人文科学发展到一定阶段的必然需要，是建设我国现代农业、畜牧、食品加工业的重要基石，是发展中国食品工业、满足人民身心健康的根本保障，更是发展社会主义市场经济不能缺失的重要条件。

食品工业企业应因地制宜、切合实际地理解本标准的引言内容，全面领会精神实质，借助已有的基本管理基础，突出建立自身诚信管理体系，并充分考虑、认识本产业的国家环境、经济环境、行业环境、内部环境和员工环境，建立行之有效的诚信管理体系。

（3）食品工业企业诚信管理体系建设应符合《中华人民共和国食品安全法》、《中华人民共和国食品安全法实施条例》等国家、行业、地方法律法规以及相关产品标准要求。

（4）食品工业企业建立诚信管理体系时，在运行其他管理体系（如 ISO 9001、HACCP 等）和要求（如 GMP 等）的基础上，可进一步整合管理体系文件，以产品质量安全为主线，遵循 PDCA 的方法，对诚信因素逐一分析识别并加以控制，建立、实施并不断改进自身诚信管理体系。

（5）食品工业企业如何理解“将诚信理念体现在企业的发展战略中”这句话？这方面集中体现在：每个食品工业企业的发展战略与规划，必须匹配于其资源客观条件，如安全稳定的食品原料供应能力或供应体系，总体经营规模的增长速率应符合客观经济规律。

【实施建议】

（1）在策划和建设调味品生产企业诚信管理体系时，要注重形成企业的诚信教育机制、诚信因素识别机制、体系运行机制、自查自纠改进机制、征信评价机制和失信惩戒公示机制等长效机制。

（2）建立诚信档案。应建立企业生产经营和关键岗位人员诚信档案，内容包括基本信息、良好诚信记录和较大失信记录及其奖惩等。

（3）建设可控原料基地。调味品生产企业应建设主要原料可控的生产基地，保障原料产品质量。

第二章　范围、规范性引用文件、术语和定义

第一节　范　　围

【标准条款】

> **1　范围**
>
> 本标准规定了食品工业企业建立及实施诚信管理体系的原则、诚信方针、策划、实施与运行、检查和改进、评价与声明。
>
> 本标准适用于有下列愿望的食品工业企业：
>
> a）建立、实施、保持并改进诚信管理体系；
>
> b）确信能符合所声明的诚信方针；
>
> c）通过下列方式展示对诚信管理体系标准的符合，包括：
>
> ——进行自我评价并作自我声明、寻求食品工业企业相关方对其符合性的确认；
>
> ——寻求外部对其自我声明的确认；
>
> ——寻求外部对其诚信管理体系进行评价审核（或注册）。
>
> 本标准同样适用于和食品相关的组织，包括：食品原辅料供应商和检测机构。

【条款目的】

明确了本标准不仅适用于食品工业企业建立及实施诚信管理体系，也适用于和食品相关的组织，包括：食品原辅料供应商和检测机构。

【理解要点】

（1）食品工业企业建立诚信管理体系时，要考虑：

——对遵守法律法规、政策的承诺；

——对遵守诚信管理体系标准和相关的产品或服务标准、章程、制度和惯例等的承诺；

——向顾客提供的产品和服务活动范围；

——向顾客承诺的内容、涉及范围、顾客的权利等；

——社会责任（包括对周边地区的影响承诺）。

（2）诚信管理体系的覆盖范围在诚信管理体系文件中以及诚信管理体系评价证书或诚信评价等级证书中均要确定。承诺要求一定要客观，承诺一定要能够做到。

需注意的问题是：

——诚信管理体系覆盖范围因食品工业企业第一责任人的意识和目的不同而有所不同。诚信管理体系范围的内容，直接影响着企业的诚信方针和诚信目标。

——诚信管理体系适用于食品工业企业的整体活动，也适用于区域活动，比如分厂管理，所以有着同样产品的食品工业企业，只要采用本标准并能取得一定的绩效，均能获得诚信体系有关证书，但证书的覆盖范围是不尽相同的，其运行结果带来的诚信绩效也会有很大差别。

（3）本标准同样适用于和食品相关的组织，包括：调味品原辅料供应商和检测机构。

第二节　规范性引用文件

【标准条款】

> **2　规范性引用文件**
>
> 下列文件对于本文件的应用是必不可少的。凡是注日期的引用文件，仅注日期的版本适用于本文件；凡是不注日期的引用文件，其最新版本（包括所有的修改单）适用于本文件。
>
> GB/T 19000—2008　质量管理体系　基础和术语
>
> GB/T 22117　信用　基本术语
>
> ICCO 26001：2008　诚信管理体系　要求及使用指南

【理解要点】

（1）QB/T 4111—2010《食品工业企业诚信管理体系（CMS）建立及实施通用要求》引用了以下标准的有关内容：

GB/T 19000—2008　质量管理体系　基础和术语

GB/T 22117　信用　基本术语

ICCO 26001：2008　诚信管理体系　要求及使用指南

（2）诚信管理体系的建立应考虑国家、行业、地方法律法规及相关产品标准，还应考虑当地的诚信政策、已有的信用体系和诚信标准。

① 国家、行业、地方法律法规及相关产品标准

如《中华人民共和国食品安全法》、《中华人民共和国食品安全法实施条例》以及相关食品标准要求等。

② 地方诚信政策

如《海南省征信和信用评估管理暂行规定》、《湖南省信用信息管理办法》、《黑龙江省诚信龙江建设工作方案》、《关于全面推动“诚信山东”建设的意见》、《黑龙江省征信管理办法》等。

③ 已有信用体系

如结合金融领域的信用体系，采用有效信用技术和手段，支持与验证食品工业企业诚信

管理体系建设。

④ 应遵守的其他诚信标准

如 GB/T 22116—2008《企业信用等级表示方法》、GB/T 22118—2008《企业信用信息采集、处理和提供规范》、GB/T 22119—2008《信用中介组织评价服务规范　信用评级机构》、GB/T 22120—2008《企业信用数据项规范》GB/T 23791—2009《企业质量信用等级划分通则》和 GB/T 23793—2009《合格供应商信用评价规范》等。

第三节　术语和定义

【标准条款】

3　术语和定义

GB/T 22117 所确立的以及下列术语和定义适用于本文件。

3.1　诚信　credit

组织运行活动中对承诺的履行与可信度的依存关系，包括顾客、供方、其他相关方以及他们之间的相互关系。

注：其运行活动包括生产、经营、服务和管理等，涉及的相关方包括员工、顾客、供方、工商和税务等。[ICCO 26001：2008，定义 3.5]

3.2　诚信环境　credit environment

对一个组织的诚信氛围所给出的一种评价，包括其诚信服务意识、诚信经营状况和以诚信为核心的企业文化。

3.3　诚信管理体系　credit management system（CMS）

用来制定和实施诚信方针和目标，并进而实现这些目标的一系列相互关联的要素的集合。

注：诚信管理体系是社会诚信体系建设的组成部分，也是食品工业企业管理体系的一部分，涉及食品工业企业组织机构、诚信体系策划、职责、惯例、程序、过程和资源。[ICCO 26001：2008，定义 3.8]

3.4　诚信方针　credit policy

由最高管理者就组织的诚信价值正式表述的总体意图和方向。

注：诚信方针为采取措施，以及建立诚信目标和诚信指标提供框架。

3.5　诚信目标　credit objective

食品工业企业依据诚信方针规定的所要实现的诚信目的。

3.6　诚信指标　credit target

由诚信目标产生，或为实现诚信目标所需规定并满足的具体的绩效要求，往往根据针对失信治理方案的结果设定。

3.7　诚信因素　credit aspect

组织的活动、产品或服务中能影响企业诚信度而又相互作用的一组要素。

注：诚信因素直接作用在食品工业企业的活动（签约、宣传、承诺和公益行为等）、产品或服务上。

［ICCO 26001：2008，定义 3.6］

3.8 组织 organization

具有自身职能和行政管理的公司、集团公司、商行、企事业单位、政府机构、社团或其结合体，或上述单位中具有自身职能和行政管理的一部分，无论其是否具有法人资格、公营或私营。

注：对于拥有一个以上运行单位的食品工业企业，可以把一个运行单位视为一个组织。

［GB/T 19000—2008，定义 3.3.1］

3.9 内部核查 internal audit

客观地获取信息证据并予以评价，以判定组织对其选定的诚信管理体系评价准则满足程度的系统的、独立的、形成文件的过程。

【调味品概念补充】

1. 调味品 condiment

在饮食、烹饪和食品加工中广泛应用的，用于调和滋味和气味并具有去腥、除膻、解腻、增香增鲜作用的产品。

2. 食用盐 edible salt

又称食盐。以氯化钠为主要成分，用于烹调、调味、腌制的盐。按其生产和加工方法可分为精制盐、粉碎洗涤盐、日晒盐。

3. 食糖 edible sugar

用于调味的糖，一般指用甘蔗或甜菜精制的白砂糖或绵白糖，也包括淀粉糖浆、饴糖、葡萄糖、乳糖等。

4. 酱油 soy sauce

4.1 酿造酱油 fermented soy sauce

以大豆和（或）脱脂大豆、小麦和（或）麸皮为原料，经微生物发酵制成的具有特殊色、香、味的液体调味品。

4.2 配制酱油 blending soy sauce

以酿造酱油为主体（以全氮计不得少于50%），与酸水解植物蛋白调味液、食品添加剂等配制而成的液体调味品。

4.3 铁强化酱油 NaFeEDTA soy sauce

按照标准在酱油中加入一定量的乙二胺四乙酸铁钠（NaFeEDTA）制成的营养强化调味品。

5. 食醋 vinegar

5.1 酿造食醋 fermented vinegar

单独或混合使用各种含有淀粉、糖类的物料或酒精，经微生物发酵酿制而成的液体调味品。

5.2 配制食醋 blending vinegar

以酿造食醋为主要原料（以乙酸计不得低于50%），与食用冰乙酸、食品添加剂等混合配制的调味食醋。

6. 味精 monosodium glutamate

6.1 谷氨酸钠99%（味精）99% monosodium glutamate

以淀粉质、糖质为原料，经微生物（谷氨酸棒杆菌等）发酵、提取、中和、结晶，制成的谷氨酸钠含量不小于99%，具有特殊鲜味的白色结晶或粉末。

6.2 加盐味精（味素） monosodium glutamate

在味精（谷氨酸钠99%）中，定量添加了精制盐且谷氨酸钠含量不低于80%的均匀混合物。

6.3 增鲜味精 intensified IMP + GMP monosodium glutamate

在味精（谷氨酸钠99%）中，定量添加了核苷酸二钠［5′－鸟苷酸二钠（GMP）、5′－肌苷酸二钠（IMP）或呈味核苷酸二钠（IMP + GMP）］等增鲜剂，且谷氨酸钠含量不低于97%，其鲜味度超过混合前的味精（谷氨酸钠99%）。

7. 芝麻油 sesame oil

又称香油。从油料作物芝麻的种子中制取的植物油，可用于调味的一种油脂。

8. 酱类 paste

8.1 豆酱 soy paste

以豆类或其副产品为主要原料，经微生物发酵酿制的酱类。包括黄豆酱、蚕豆酱、味噌等。

8.2 面酱 flour paste

以小麦粉为主要原料，经微生物发酵酿制的酱类。

8.3 番茄酱 tomato paste

以番茄（西红柿）为原料，添加或不添加食盐、糖和食品添加剂制成的酱类，添加辅料的品种可称为番茄沙司。

8.4 辣椒酱 chili paste

以辣椒为原料，经发酵或不发酵，添加或不添加辅料制成的酱类。

8.5 芝麻酱 sesame paste

又称麻酱。以芝麻为原料，经润水、脱壳、焙炒、研磨制成的酱品，有的加入其他辅料。

8.6 花生酱 peanut paste

花生果实经脱壳去衣，再经焙炒研磨制成的酱品，有的加入其他辅料。

8.7 虾酱 shrimp paste

以海虾为主要原料，经盐渍、发酵酶解，配以各种香辛料和其他辅料制成的酱。

8.8 芥末酱 mustard paste

以芥菜籽粒或芥菜类植物块茎为原料制成的酱，具有刺鼻辛辣味。

9. 豆豉 douchi

以大豆为主要原料，经蒸煮、制曲、发酵，酿制而成的呈干态或半干态颗粒状的制品。

10. 腐乳 sufu

以大豆为原料，经加工磨浆、制坯、培菌、发酵而制成的调味、佐餐制品。

10.1 红腐乳 red sufu

在腐乳后期发酵的汤料中配以红曲酿制而成，外观呈红色或紫红色的腐乳。

10.2 白腐乳 white sufu

在腐乳后期发酵的汤料中不添加任何着色剂酿制而成，外观呈白色或淡黄色的腐乳。

10.3 青腐乳 grey sufu

在腐乳后期发酵过程中以低度食盐水作汤料酿制而成，具有硫化物气味、外观呈豆青色的腐乳。

10.4 酱腐乳 soy paste sufu

在腐乳后期发酵过程中以酱曲为主要辅料酿制而成，外观呈棕红色的腐乳。

10.5 花色腐乳 flavor sufu

在腐乳生产过程中，因添加不同风味的辅料，酿制出风味别致的各种腐乳。

11. 鱼露 fish sauce

以鱼、虾、贝类为原料，在较高盐分下经生物酶解制成的鲜味液体调味品。

12. 蚝油 oyster oil

利用牡蛎蒸、煮后的汁液进行浓缩或直接用牡蛎肉酶解，再加入食糖、食盐、淀粉或改性淀粉等原料，辅以其他配料和食品添加剂制成的调味品。

13. 虾油 shrimp sauce

从虾酱中提取的汁液称为虾油。

14. 橄榄油 olive oil

以橄榄鲜果为原料，经压榨加工而成的植物油，多用于西餐调味。

15. 调味料酒 seasoning wine

以发酵酒、蒸馏酒或食用酒精为主要原料，添加食用盐（可加入植物香辛料），配制加工而成的液体调味品。

16. 香辛料和香辛料调味品 spice & spice seasoning

16.1 香辛料 spice

香辛料主要来自各种自然生长的植物的果实、茎、叶、皮、根等，具有浓烈的芳香味、辛辣味。

16.2 香辛料调味品 spice seasoning

以各种香辛料为主要原料，添加或不添加辅料制成的制品。

16.2.1 香辛料调味粉 spice seasoning powder

以一种或多种香辛料经研磨加工而成的粉末状制品。

16.2.2 香辛料调味油 spice seasoning oil

从香辛料中萃取其呈味成分于植物油中的制品，如辣椒油、芥末油等。

16.2.3 香辛料调味汁 spice seasoning sauce

以香辛料为主要原料，提取其中的呈味成分制成的液体制品。

16.2.4 油辣椒 oiled chili

香辣浓郁，可供佐餐和调味的熟制食用油和辣椒的混合体。产品中可添加或不添加辅料。

17. 复合调味料 compound seasoning

用两种或两种以上的调味品配制，经特殊加工而成的调味料。

17.1 固态复合调味料 solid compound seasoning

以两种或两种以上的调味品为主要原料，添加或不添加辅料，加工而成的呈固态的复合调味料。

17.1.1 鸡精调味料 chicken flavor compound seasoning

以味精、食用盐、鸡肉或鸡骨的粉末或其浓缩抽提物、呈味核苷酸二钠及其他辅料为原料，添加或不添加香辛料和（或）食用香料等增香剂，经混合干燥加工而成，具有鸡的鲜味和香味的复合调味料。

17.1.2 鸡粉调味料 chicken flavor compound seasoning powder

以食用盐、味精、鸡肉或鸡骨的粉末或其浓缩抽提物、呈味核苷酸二钠及其他辅料为原料，添加或不添加香辛料和（或）食用香料等增香剂经混合加工而成，具有鸡的浓郁香味和鲜美滋味的复合调味料。

17.1.3 牛肉粉调味料 beef flavor compound seasoning

以牛肉的粉末或其浓缩抽提物、味精、食用盐及其他辅料为原料，添加或不添加香辛料和（或）食用香料等增香剂，经加工而成的具有牛肉鲜味和香味的复合调味料。

17.1.4 排骨粉调味料 pork flavor compound seasoning

以猪排骨或猪肉的浓缩抽提物、味精、食用盐、食糖和面粉为主要原料，添加香辛料、呈味核苷酸二钠等其他辅料，经混合干燥加工而成的具有排骨鲜味和香味的复合调味料。

17.1.5 海鲜粉调味料 seafood flavor compound seasoning

以海产鱼、虾、贝类的粉末或其浓缩抽提物、味精、食用盐及其他辅料为原料，添加或不添加香辛料和（或）食用香料等增香剂，经加工而成的具有海鲜香味和鲜美滋味的复合调味料。

17.1.6 其他固态复合调味料 other solid compound seasoning

17.2 液态复合调味料 liquild compound seasoning

以两种或两种以上的调味品为主要原料，添加或不添加其他辅料，加工而成的呈液态的复合调味料。

17.2.1 鸡汁调味料 chicken flavor liquild compound seasoning

以磨碎的鸡肉或鸡骨或其浓缩抽提物以及其他辅料等为原料，添加或不添加香辛料和（或）食用香料等增香剂，加工而成的，具有鸡的浓郁鲜味和香味的汁状复合调味料。

17.2.2 糟卤 rice wine flavor liquild compound seasoning

以稻米为原料制成黄酒糟，添加适量香料进行陈酿，制成香糟；然后萃取糟汁，添加黄酒、食盐等，经配制后过滤而成的汁液。

17.2.3 其他液态复合调味料 other liquild compound seasoning

除鸡汁调味料、糟卤等以外的其他液态复合调味料。

17.3 复合调味酱 compound seasoning dressing

以两种或两种以上的调味品为主要原料，添加或不添加其他辅料，加工而成的呈酱状的复合调味料。

17.3.1　风味酱　flavor dressing

以肉类、鱼类、贝类、果蔬、植物油、香辛调味料、食品添加剂和其他辅料配合制成的具有某种风味的调味酱。

17.3.2　沙拉酱　sala dressing

西式调味品。以植物油、酸性配料（食醋、酸味剂）等为主料，辅以变性淀粉、甜味剂、食盐、香料、乳化剂、增稠剂等配料，经混合搅拌、乳化均质制成的酸味半固体乳化调味酱。

17.3.3　蛋黄酱 egg yolk dressing

西式调味品。以植物油、酸性配料（食醋、酸味剂）、蛋黄为主料，辅以变性淀粉、甜味剂、食盐、香料、乳化剂、增稠剂等配料，经混合搅拌、乳化均质制成的酸味半固体乳化调味酱。

17.3.4　其他复合调味酱　other compound seasoning dressing

除风味酱、沙拉酱、蛋黄酱等以外的其他复合调味酱。

18. 火锅调料　hotpot seasoning

食用火锅时专用的调味料，包括火锅底料及火锅蘸料。

18.1　火锅底料　spicy hotpot base

以动、植物油脂，辣椒，蔗糖，食盐，味精，香辛料，豆瓣酱等为主要原料，按一定配方和工艺加工制成的，用于调制火锅汤的调味料。

18.2　火锅蘸料　hotpot dipping

以芝麻酱、腐乳、韭菜花、辣椒、食盐、味精和其他调味品混合配制加工制成的，用于食用火锅时蘸食的调味料。

调味品生产企业在建立诚信管理体系时，要充分收集国家、地方法律法规、调味品行业标准，积极采用调味品行业的术语，以便用于建立诚信管理体系文件和组织内外部交流。

第三章　诚信管理体系通用要求

第一节　原　　则

【标准条款】

4　诚信管理体系通用要求

4.1　原则

食品工业企业应根据本标准的要求建立、实施、保持和持续改进诚信管理体系，并将相关要求和诚信管理体系的范围形成文件。在食品工业企业实施该体系过程中逐步建立诚信策划机制、体系运行机制、检查改进机制、评价公示机制。

【条款目的】

明确了食品工业企业建立文件化诚信管理体系，实施、保持和持续改进诚信管理体系，逐步形成企业诚信战略的思路和原则要求。

【理解要点】

1. 建立文件化的诚信管理体系

只有落实在文件上的体系要求才能规范全体员工的行为，才能做到“有章可循”。体系文件包含以下内容：

（1）确定诚信管理体系覆盖范围

食品工业企业诚信管理体系的覆盖范围，在食品工业企业的诚信管理体系文件中必须明确，是食品工业企业对外声明或第三方评价要界定的承诺内容，一般包括诚信管理体系涉及的产品或服务等过程的经营范围、经营区域、网点分布以及其他承诺等相关信息。

（2）界定诚信信息与识别过程

识别、界定出诚信信息与管理的所有过程，分析出与诚信有关的关键岗位和关键过程，确定这些过程之间的联系，以便更好地控制失信风险。

诚信信息中，首先是企业基本信息，包括：企业名称、营业执照、登记机关、住所、法定代表人姓名、法定代表人身份证件号码、工业产品生产许可证、注册资本币种、注册资本、实缴资本（金）、企业类型、经营范围、最新年检结果、原登记事、变更登记事项、申请注销登记原因、税务登记代码、纳税人名称、税务登记变更事项、组织机构代码及登记记录。

在组织机构设置的同时，要有责任、权利和义务的确定，内部授信的权利要严格控制，任何失信行为都要有责任追究和惩戒制度。完善的制度是诚信管理体系的保障，现有的国家和地方法规中涉及的诚信管理制度和企业自身相应管理规定，企业要从严遵守。

2. 提供资源配置

食品工业企业的诚信管理体系建设，需要资源支持，这些资源包括了有形资源，也包括了无形资源。

3. 良好的内部环境

良好和谐的内部环境是食品工业企业保持和改进诚信管理体系的必要条件，诚信的内部环境又是影响外部诚信环境的前提，讲究社会公德是诚实守信的内部环境得以保持的必然要求。企业必须逐步形成诚信教育机制、体系运行机制、失信预防机制、监督核查机制、失信惩戒机制、征信改进机制。

4. 实施、保持和改进诚信管理体系

建立和实施诚信管理体系时，还需要掌握以下几个基本原则：

（1）领导作用

领导诚信意识是一种不可或缺的资源，领导以身作则的示范作用更是实施、保持和改进诚信管理体系的领导保障原则。

（2）全员参与

诚信管理体系的建立和实施离不开全员参与。任何一个岗位的任何一名员工不诚信，都将影响整个组织的诚信环境，造成组织的失信隐患，关键岗位的失信甚至会直接给组织的诚信形象带来不可逆转的损失。全员诚信是诚信体系的重要保证。

（3）过程方法

实施、保持和改进诚信管理体系，离不开过程控制，一个过程的输出将直接是下一个过程的输入，任何失信的隐患都应该在上一过程中得到预防控制。为使过程能够受控并达到预期的诚信目标和结果，应给出过程控制的方法和准则。监视和测量过程是体系运行和改进中必不可少的。

存在外包的组织，对采购的外包质量负有完全责任，直接纳入诚信管理体系的范畴，并对其诚信状况施加影响。

（4）系统方法

对诚信管理体系采用系统的方法加以管理，能够实现全局的战略目标。

在组织的诚信管理体系建立、实施、保持和改进中可以根据组织的规模、产品和市场经营特点，进行系统划分并加以科学管理，能有效提高组织的诚信绩效。

（5）关注相关方

组织的相关方包括内部职工和外部接触面。识别相关方，关注相关方是组织提高诚信绩效的前提，诚信是金，诚信能给组织带来无限的受益，相关方的满意是组织提高效益的保障，对相关方诚信也是对自己负责。

（6）预防为主

诚信品牌有它的价值，也有它的脆弱性，任何失信行为都将给组织带来负面影响，维护信誉最经济、最有效的手段就是预防措施。

【实施建议】

1. 获得法定资质

在中国境内注册的调味品生产企业，按规定要获得有关部门颁发的工业产品生产许可证或食品流通许可证、营业执照、组织机构代码、税务登记等资质证明。

2. 编制诚信管理体系文件

在文件中确定诚信管理体系的覆盖范围，识别管理过程和诚信因素，控制失信风险。

3. 将财务管理和后勤保障系统纳入诚信管理体系

财务是组织的核心，照章纳税、薪酬兑现、按时还款还贷、债务清偿等诚信信息必须在诚信有关记录和档案中得到确定，财务人员的职业诚信信用信息必须纳入企业的诚信管理档案。

后勤保障系统包括保卫、食堂、环保、动力、医务等部门。

4. 建立诚信管理机制

机制是指工作系统，一般是成立机构 、明确目的、规定职责、建立工作程序和改进方法等。诚信管理机制包括：诚信识别与运行机制是基础机制；诚信核查与惩戒机制包括了日常检查、内部核查、纠正与失信修复；诚信评价与监管机制包括合规评价，体系评价，第二、三方评价，行业自律，政府监管；诚信征信与改进机制是要求食品生产企业建立社会征信机制，寻找组织改进的方向。

5. 营造诚信环境

组织的诚信行为和诚信品牌直接影响到行业诚信环境和行业的诚信体系建设，在适当的机会和条件下对相关方提出诚信管理体系建立的要求不仅符合自身发展的要求，也符合国际惯例。

第二节　诚 信 方 针

【标准条款】

4.2　诚信方针

食品工业企业最高管理者应确定诚信方针，确保其满足：

a）与诚信有关的法律法规、政策和其他要求；

b）适合食品工业企业生产、服务、安全和保障的要求；

c）失信预防和持续改进；

d）为诚信目标和指标提供方向；

e）形成文件，付诸实施；

f）传达到相关人员；

g）能为社会公众所获取。

【条款目的】

食品工业企业实施诚信管理体系时，应制定诚信方针并满足要求。

【理解要点】

1. 诚信方针的作用

诚信方针是食品工业企业统一诚信思想，指导诚信管理体系，为实现食品工业企业的总体经营目标指明的道德宗旨和行为方向，是企业实现诚信经营战略的动力，为诚信管理体系目标和指标提供了制定和评审的框架。

2. 诚信方针的要求和内涵

（1）诚信方针体现遵纪守法。诚信方针中要有遵纪守法的承诺，这些法律法规和标准或其他要求与企业的产品和服务涉及的诚信因素有关，法律法规和其他要求有时表现在法律法规的某一条款上，所以企业在建立诚信管理体系时，要认真识别，适时采用，达到科学准确。

（2）诚信方针的内容与食品工业企业的性质有关，企业的产品、规模不同，活动性质、服务性质不同对诚信因素的要求也不尽相同，失信影响的控制也不相同，所以不同的企业诚信方针的内容也不相同。诚信方针是企业对相关方、对社会的一种承诺。诚信方针力求客观、科学、适用，漫无边际的口号对企业无益。

（3）预防为主

失信的影响是难以估计的，所以预防为主在诚信方针中要有所体现。预防是最好的风险控制，预防控制风险的结果是企业本身和相关方所希望的。

（4）持续改进

持续改进和永续发展是企业的主题，持续改进一般视作具体措施，永续发展一般是企业的战略和远景规划，一个切实可行的好的发展战略是企业永续经营、发展壮大的核心动力。

（5）食品工业企业的诚信方针，应传达到所有人员或代表该企业工作的人员，特别是检验、定级、过磅人员，采购人员，新品配方研发人员，产品生产人员，产品销售人员，对外公共关系和广告宣传策划人员等。

结合已经发生的重大失信案例，在我国调味品行业与诚信因素密切相关的企业人员，包括但不限于以下人员：

——产品研发人员；

——原料基地指导和监管人员；

——原辅料、产品验收人员；

——生产人员；

——质检化验人员；

——仓储物流人员；

——负责公共关系的人员；

——广告宣传策划人员；

——财务人员；

——OEM 产品监管人员；

……

——上述人员所在部门的领导者。

诚信方针在传播前要进行认真有效的评估，避免失信影响。

（6）为外界公众所认知和接受

形成文件的诚信方针，要以恰当、易得、易懂的方式向相关方进行传达和沟通，不仅要在食品工业企业内部得到认知和接受，对内形成一种约束，而且还要对相关方传播，对外形成一种宣传和约定。

【实施建议】

1. 确定诚信方针

诚信方针的确定要经过管理层职工代表参与评审，由最高管理者批准发布；诚信方针的内容要符合标准条款 a）~g）的要求和企业发展需求。

2. 贯彻诚信方针

诚信方针是调味品生产企业的指导思想，是形成诚信企业文化的核心，要在职工中有效沟通，以形成调味品生产企业的工作动力和凝聚力，有效控制失信风险；同时有效的传播能给企业的诚信形象和品牌带来优势，不仅利于公平竞争，而且更有利于诚信经营的市场经济发展。

诚信方针发布仪式一般较为隆重，目的是约束员工，约束自我。宣誓是一种普遍形式，演讲比赛是一种很好的沟通理解方式。

诚信方针应传达到所有人员或代表该企业工作的人员，特别是检验、定级、过磅人员，采购人员，新产品配方研发人员，生产人员，化验人员，产品销售人员，财务人员，对外公共关系和广告宣传策划等人员。

3. 改进诚信方针

企业内外条件和环境的变化，企业产品、规模和相关方的改变都会影响到企业的诚信方针，为了确保诚信方针的适宜性，不仅在制定诚信方针时要经过评审，在企业提到的以上变化和体系评价时也要对诚信方针进行评审和修订，评审一般发生在企业内部。在第二方或第三方评价审核时，对诚信方针的适宜性也会有一个客观评价。

第三节　策　　划

食品工业企业诚信管理体系的宗旨是“诚信为本，预防为主”，在企业的经营、管理活动中根据诚信因素采取控制措施。

诚信管理体系的策划应考虑：

（1）围绕诚信方针，建立企业诚信文化。

（2）合规性建设。梳理应遵守的法律法规和相关标准，建立自查机制，避免违规事件。

（3）识别诚信因素。对诚信因素进行分类，评价失信风险，确定重大失信风险源。

（4）制订管理方案。根据诚信因素的确定，在法律法规以及标准规范的框架内制定企业的控制目标、指标和诚信管理方案。

（5）严格执行控制方案规定的要求。

（6）制定控制措施和基层作业文件。消除失信隐患，对已经发生的失信事故，减轻失信损失和影响。

（7）积极参与社会活动，承担社会责任。树立良好的社会形象，影响周边社区诚信环境。

一、基本要求

【标准条款】

> **4.3 策划**
>
> **4.3.1 基本要求**
>
> 食品工业企业建立和实施诚信管理体系时，应识别其生产、服务、安全和保障活动中与诚信因素有关的法律法规、政策和其他要求，并满足：
>
> a）及时获取这些要求，确保有效；
>
> b）确保这些要求应用于诚信管理体系的建立及实施；
>
> c）通过内部制度的确立，确保诚信管理从策划、采购、生产、储运、营销到服务等全过程的规范化、程序化和制度化。

【条款目的】

食品工业企业策划诚信管理体系时，必须考虑法律法规和其他要求，它是合规性建设的基础，也是影响诚信的重要因素。

【理解要点】

（1）食品工业企业在建立和实施诚信管理体系时应识别其活动、产品和服务中诚信因素的法律法规、政策、标准等要求，重点考虑企业生产的源头控制，以实现诚信体系策划的基础。基本要求和相关条款的关系如图 3－1 所示。

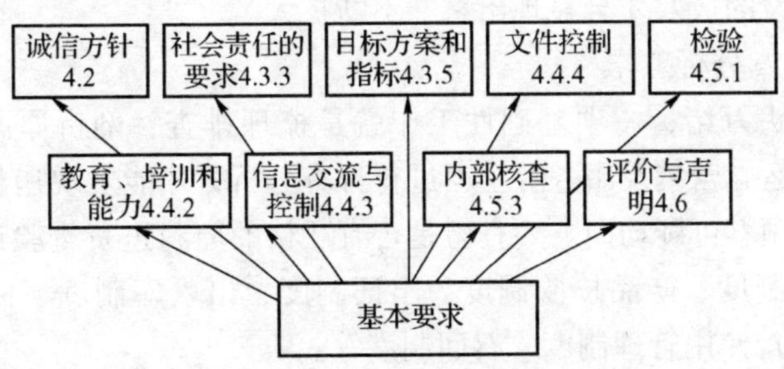

图 3－1 基本要求和相关条款关系图

（2）建立有效地获取法律、法规、产品标准、服务规范和其他应遵守的要求的渠道。

（3）识别并确定适用于本企业诚信因素的法律法规及其他要求。

（4）确定这些要求如何应用于诚信因素的识别。

（5）确保在建立、实施、保持诚信管理体系时，考虑这些法律、法规和其他要求。

（6）其他要求包括的内容：

与政府组织的协议，与顾客、社会团体或非政府组织的协议，行业协会的要求，国际惯例，顾客要求（市场要求），产品标准，服务规范，本企业自愿遵守的规范或承诺，相关方的合理要求，本企业的其他要求。

（7）通过在策划、研发、采购、生产、储运、营销、服务等全过程中建立企业内部制度，确保诚信管理规范化、程序化和制度化。

（8）实施所识别并应遵守的要求。为加强企业诚信意识，法律法规要求识别到具体条款为宜。

【实施建议】

（1）建立机构，收集、管理、检查调味品生产企业有关的国家法律法规、标准及其他要求。

① 搜集调味品生产企业应遵守的国家、行业、地方法律法规，相关标准及其他要求。

② 分析和评估法律法规、标准及其他要求的诚信影响程度和适用性。确定《法律法规和其他要求一览表》。

（2）建立法律法规和其他要求的调味品生产企业控制文件。

① 确定执行和监督控制的责任部门和对应的控制标准，控制程度与诚信因素影响程度相一致。

② 控制法律法规、标准及其他要求的文件分发。

企业遵守的法律法规、标准和其他要求应是有效的，并应将其传达给有关员工和其他相关方，还应适时更新和评审新的要求。

（3）落实合规性建设的具体要求

① 领导重视，管理人员要带头合规，全员参与，营造合规氛围。要及时地建立合规管理程序，严格地执行合规计划，清晰地传达合规任务，有效地传导合规文化，全面地履行合规职责，完整地得到合规报告，充分地了解合规风险，科学地配置合规资源。只有做好这些方面的工作，合规性建设的成效才会显现出来并不断扩大。

② 要认真做好排查分析工作

合规性建设，千头万绪，一项基础性工作就是梳理排查、剖析原因。只有对研发、采购、生产、检验、储运、营销及服务等全面进行排查分析，才能发现违规问题、揭示存在风险、找到薄弱环节、洞察可疑动向。要查验是否有严格的原料进货查验记录制度、原料投入品与产品的追溯管理制度、产品检验制度、出证制度、出入库制度、标签及说明书管理制度、食品添加剂（物）使用管理制度、召回制度等。

③ 加强和完善策划、研发、采购、生产、储运、营销、服务等全过程的制度建立，督促指导落实，确保不走过场。

④ 加强合规文化建设，是一项长期的重要工作。只有以科学发展观为指导，坚持以人为

本，坚持依法经营，不断完善合规风险管理长效机制，提高合规风险管理能力，才能促使组织持续健康发展。

⑤ 合规管理重在提高内控执行力

有效的合规风险管理，关键是改善内控机制、提高内控执行效率。企业应组织员工学习合规程序文件。

明确员工的行为规范，将鼓励、倡导或者限制、禁止的内容，明示于员工，增强员工遵章守纪的责任意识、风险意识和自我保护意识。通过系列培训活动，使全体员工准确把握企业合规文化建设的真正科学内涵，自觉地融入到组织的合规文化建设中去，增强内控管理意识，狠抓基础管理，促进依法合规经营。

（4）结合合规性评价条款要求，对遵纪守法绩效进行评价并兑现考核结果。

（5）合规性评价以表格或文字形式均可，列出使用的法律法规、标准、条例、办法的名称，最新版本使用条款，违反后果影响，遵法情况，控制手段等。

（6）调味品生产企业除了遵守涉及的法律、法规及产品标准（目录见附录部分六（一））外，还要符合产业政策要求。

（7）调味品生产企业特别还应关注：

——粮食等原料来源的管理。

是否具有当前、长远的粮食、蔬菜等原料的种植基地配套合作计划或建设规划，以适应企业当前与未来发展对原料的实际需求；是否对目前原料基地或供应商实施一系列合格控制与评价制度，包括对产地的投入品（如肥料、农药等）控制与评价；是否通过订单采购、建立风险基金、返还利润、参股入股等多种形式，与原料基地或供应商结成稳定的产销关系和紧密的利益联结机制；其实现程度如何。

——原料管理。如，是否对购入的粮食、蔬菜等原料有足够的质量安全控制能力。

——合法合规的食品添加剂的使用。

——酸水解植物蛋白调味液、食用冰乙酸的使用。

——投料或配方是否符合国家标准和法规要求。

（8）企业对粮食、蔬菜、酸水解植物蛋白调味液、食用冰乙酸、食盐等原辅料和食品添加剂的控制能力，通过系统策划，集中体现在采购和贮运过程的制度规定与评价控制中。分别表现在以下方面。

——可控原料的情况。调味品生产企业使用稳定可控的原辅料供应商提供的合格原辅料。原料产地投入品（如肥料、农药等）的供应、使用与管理能确保原料的安全。

——原辅料和食品添加剂供应商的资质情况。应取得主管部门核发的许可证。

—— 原辅料检验设备配备情况。调味品生产企业是否配备了与原辅料质量检验项目相适应的检验设备和检测人员。

——原辅料和食品添加剂采购记录保存情况。采购、运输和检测记录是否保存完好。

——调味品生产企业采购的原辅料和食品添加剂应当符合产品质量安全国家标准。不得购进农药等化学物质残留超标，或者含有重金属等有毒有害物质、致病性的寄生虫和微生物、生物毒素以及其他不符合产品质量安全标准的原料。

——调味品生产企业不得向未取得相应资质的单位和个人购进粮食等原辅料和食品添

加剂。

——调味品生产企业应持续关注最新国家、行业调味品标准发布状态，并做好预期安排。

——调味品生产企业应策划研发、采购、生产、储运、营销、服务等全过程的制度，实行规范化和程序化。

（9）建立如下制度：研发工作流程及管理制度、生产工艺流程及管理制度、化验室工作流程及管理制度、品控工作流程及管理制度、灭菌工艺操作及管理制度、采购工作流程及管理制度、营销工作流程及管理制度、购置设备工作流程及管理制度、设备安全操作及管理制度、特殊工种设备操作及管理制度、压力容器安全管理制度、发酵/储罐区操作安全管理制度、污水处理设备操作及管理制度、应急预案、员工培训工作流程及管理制度、文件标识规则及管理制度、供应商考核工作流程及管理制度、原材料的选购质量控制制度、原辅料包材入库工作流程及管理制度、危险品的领取及管理制度、使用及保管的管理规定、仓库卫生管理制度、合同管理工作流程及管理制度等。

二、诚信因素

【标准条款】

4.3.2 诚信因素

食品工业企业应建立、实施并保持诚信因素识别程序。

食品工业企业在建立、实施和保持诚信管理体系时，应充分考虑诚信因素。诚信因素包括但不限于：

a）生产经营、产品供应、广告宣传和服务等活动中涉及的诚信因素，包括：

——食用农产品原料及其他投入品的质量安全控制，特别是微生物、药残、重金属、环境污染物、违法添加物等；

——生产过程质量安全控制；

——包装材料、标识管理；

——仓储、物流管理；

——其他。

b）与新项目有关的诚信因素，包括：

——新产品配方与预期用途；

——技术改造；

——其他。

c）影响诚信的其他因素。

诚信因素识别程序应形成文件，并适时予以更新。

【条款目的】

突出要求食品工业企业在建立、实施和保持诚信管理体系时，应充分识别诚信因素。在充分分析诚信因素的基础上，确定重要诚信因素，它是建立诚信目标的基础。

【理解要点】

本段标准内容全部覆盖了食品工业企业生产经营活动的全过程，并对重点诚信因素予以列举。表面上看，有些内容是企业已经在关注和管理的范畴，也不难理解与实施。但标准的关键主旨是强调充分、全面地识别和予以控制，这点不可忽视。

1. 主要诚信因素

(1) 生产经营

如：食品工业企业生产过程的质量安全控制能力，与管理资质情况及运行状况密切相关，表现在：

① 实施质量管理体系（ISO 19001）情况；

② 实施环境管理体系（ISO 14001）情况；

③ 实施危害分析与关键控制点（HACCP 体系）情况；

④ 实施食品安全管理体系（ISO 22000）情况；

⑤ 实施食品工业企业良好生产规范（GMP）情况；

⑥ 通过清洁生产审核和能源审计情况等。

又如：

① 生产所用主要辅助材料是否均符合食品标准及相关规定；

② 产品质量是否执行国家、行业、地方标准、企标或国际标准；

③ 是否有完善的检验制度，是否有与检验项目相适应的检测能力；

④ 产品质量状况良好，体现在国家和地方产品质量抽检中，是否获得较好成绩；

⑤ 在产品的热处理加工过程中，在确保安全的前提下，是否坚持采取最“科学”的加热参数，以减少食品中营养物质的损失和有害物质的发生程度；

⑥ 是否关注国家最新食品安全标准发布状态，并针对各类食品的最新定义描述和归类做出了预期安排；

⑦ 调味品标识管理是否符合相关规定，如，食品的标签、说明书，不含有虚假、夸大的内容，不涉及疾病预防、治疗功能。确保上市销售的食品与其标签、说明书所载明的内容相符。

(2) 产品供应

如：是否按照本企业实际能实现的原料总量、合理的生产供应能力，系统统筹或平衡本企业的供、产、销关系，来履行和实现对客户的产品供应契约。

不向客户夸大自身产品供应能力与供应时限。

(3) 广告宣传

如：是否如实向客户传递产品质量、产品特性等信息。

销售服务——无不正当竞争行为；及时妥善处理投诉。

广告宣传——向公众如实展示自身种植基地状况和数量，不夸大天然原料基地和规模基地数量，确保展示内容不给公众错觉或误导。不虚夸产品功能。

(4) 技术改造

关于新产品加工或技术改造项目，应符合《中华人民共和国食品安全法》和调味品生产许可证审查细则等规定。

（5）新产品配方与预期用途

——在新品研发时，对涉及新资源调味品范畴的配方，应实施合规的审批程序。

——新产品投料或配方中，当放弃了坚持追求全部或最大的原料成分时或不同于一般惯例时，其目的、理由的分析与描述是什么？其真实的成本核算是多少？其标签上的成分列表是否属实，排序是否合理。

——不夸大新产品预期用途。

——企业预期声称具有特定保健功能的新研发的产品，应预先接受国家有关监督管理部门的审批和监管。声称具有特定保健功能的产品不应对人体产生急性、亚急性或者慢性危害，其标签、说明书不应涉及疾病预防、治疗功能，内容必须真实，应当载明适宜人群、不适宜人群、功效成分或者标志性成分及其含量等；产品的功能和成分必须与标签、说明书相一致。

2. 诚信因素的管理

诚信因素的管理应建立程序文件，相应的程序不止一个，可以形成多个控制程序。相关内容包括：

（1）识别诚信因素

食品工业企业诚信因素要从组织内部挖掘，普遍认为有以下几种因素。

① 以人为本的行为主体因素

主体因素分为主体意愿因素和主体能力因素，为了便于识别，主体能力因素归类为基础能力因素。

诚信主体包括个人和法人。

诚信主体因素看重的是主体的良心品格、主观意愿、社会责任、道德水平和价值观。失信的表现形式有价格欺诈，故意欠款、欠物，掺假，污染偷排，安全破坏，态度蛮横，虐待职工，商业贿赂，假报告，假政绩，政府不作为、乱作为等。

② 基础能力因素

包括人员技术能力（文化程度、行为能力）、财务状况及资本运作能力（履约能力、偿债能力）、设备设施运营能力、持续发展能力等。

设备设施运营能力包括用于质量、交易活动的监视测量设备，是否按规定进行校准，这些设备直接影响着测量数据的诚信度。

③ 法规制度因素

法规建设缺失、制度不健全以及不按生产工艺、作业要求操作等原因造成的失信，都可以归纳到这一因素。

④ 诚信环境因素

在诚信因素识别时要考虑诚信环境。

⑤ 信息交流因素

信息不对称往往使组织失信，建立征信平台，增强内外信息交流，解决信息不对称，能有效降低失信几率。

诚信因素的识别，多种多样，站的角度不同，因素分析的结果也不相同，有时因素之间又互有交叉，所以在识别时应多角度考虑。

识别诚信因素的范围可以按以下建议进行考虑。

——业务范围内的活动：研发、采购、生产、销售、物流运输、宣传、价格制定、资金储备等；

——业务范围内的产品：成品、半成品、原材料；

——业务范围内的服务：顾客沟通、服务承诺、服务设计、服务特性控制、顾客接触控制活动、服务质量的维护和回访、公开透明的知情权、财务披露等；

——新业务内的变更因素如：设计缺陷；

——法律法规、标准、社会责任等因素。

在以上分析范围里，诚信因素识别的五个方面不一定都含有，可能含有其中的几个方面。

(2) 诚信因素分析结果的分类

不同的时期，不同的组织，诚信因素分析结果的分类标准也不相同，一般以定性分析为主。

① 以对组织经营、发展是否起积极影响，对员工的团结、诚信、奉献等道德意识是否有增强促进作用为标准，分为积极诚信因素和消极诚信因素。

② 以对组织的影响大小，分为重大诚信因素和一般诚信因素。消极的重大诚信因素又称重大失信风险因素。这种失信影响采取失信风险产生的可能性和产生结果的影响相结合的评价模式。

(3) 诚信因素分析

积极诚信因素在组织建立诚信管理体系时应予以保持和培育，重大失信风险因素要重点控制，重大失信风险因素的确定，要在失信风险评估的基础上进行。

失信风险评估的主要内容有两个方面：一是失信的可能性，二是失信的结果影响。

失信风险的大小 = 失信可能性 × 失信结果影响

失信的成本越小，可能性越大，风险越大；失信的影响越大，风险越大。

失信的影响包括影响的相关方范围、造成的经济损失、影响的区域、影响的时间长短、修复的难易程度等。

(4) 重大诚信因素的管理

① 积极的重大诚信因素要加强有效管理。

② 确定的重大失信风险因素要制定控制方案、预警机制和应急措施。

采用风险预防和危机处理相结合的管理模式，风险预防是针对重大失信风险源并减少失信出现的可能性，危机处理是减少失信结果造成的影响。

(5) 评审、更新重大诚信因素

组织活动存在动态性，当组织领导、关键岗位、产品、工艺、服务等发生变化时，应重新更新、评审组织的重大诚信因素，有效控制新的重大失信风险。

(6) 为诚信管理方案的制定提供依据，为重大风险预防提供警示信息

重大诚信因素的信息是用来制定诚信管理方案、预防失信风险的依据，所以应有专门负责人做好信息沟通工作。

【实施建议】

1. 诚信因素分析的准备

确定诚信因素分析小组，考虑采取的评估方法和范围，确定重点分析部门，进行分工、交叉、协作。

2. 诚信因素识别的重点

确定诚信因素的类别，识别出重大失信风险因素。

诚信因素的识别方法可以分部门和过程，采用排查法进行识别。识别的内容根据活动、产品、服务等按照常用的人、基、法、环、信五方面进行分析。重点应考虑以下几方面。

（1）人的管理

人的主观因素包括了个人或组织的价值观、素养和社会责任，调味品生产企业要有“以人为本”的现代企业管理理念，具有与之相适应的专业技术人员、熟练技术工人、诚信安全管理人员、质量管理人员和检验人员。从事调味品生产加工的人员必须身体健康、无传染性疾病和影响食品质量安全的其他疾病，并持有健康证明；检验人员必须具备相关产品的检验能力，取得从事食品质量检验的资质。调味品生产企业人员应当具有相应的调味品质量安全知识，负责人和主要管理人员还应当了解与调味品质量安全相关的法律法规知识。建立关键岗位人员诚信档案。

（2）原料管理

调味品生产企业必须建立相应的采购制度，根据原材料标准进行验收并建立台账。

结合调味品行业实际，充分考虑周期性原料产量的淡旺季与产品市场销售需求之间的客观矛盾，应控制和密切关注：

——市场销售量的合理调整、对客户的必要解释与说明、产品供应种类的调整。

——原料严格验收时始终如一的一致性；有客观依据的拒收和拒收的频率，以及发生拒收的理由和季节。

——对与之合作的原料供应商均有供应合同或定单；无契约之外的抢购原料行为。

——是否及时为形成契约定单的原料基地或养殖者提供所需的服务。

（3）工艺过程管理

调味品生产企业应根据产品特性和加工工艺，对加工过程进行危害分析，设定关键控制点并实施控制。关键控制环节为：原辅料控制、调配、灭菌、包装。

（4）设备设施管理

调味品生产企业应确保设备设施能力的提供，建立相应的设备设施管理制度，并遵照执行。设备设施运营能力包括用于质量、交易活动的检测仪器，工作硬件环境等。比如测试仪是否校验、测试数据是否准确等。

生产场所：企业应具备与生产能力相适应的厂房、原辅材料仓库、成品仓库。生产用厂房能满足原料处理、加工、调配、灭菌、后处理和包装的工艺要求。厂房与设施必须根据工艺流程合理布局，并便于卫生管理和清洗、消毒。成品包装与生产区域要相对独立。生产场所应具备防蝇、防虫、防鼠等保证卫生条件的设施。

必备的生产设备设施：原辅料处理设备设施；加工设备设施；调配设备设施；灭菌设

备；包装设备设施及质量检验设备设施。

（5）产品管理

调味品生产企业应按照标准，对最终产品的质量进行检验，检验不合格的产品按规定进行处理。

产品标识管理符合规定。

技术改造和新产品开发时应注意：

——关于新产品、技术改造及新建项目，应符合相关调味品政策和规定。

——对涉及新资源调味品范畴的配方，应实施合规的审批程序。

——调味品新产品投料或配方中，其目的、理由的分析与描述是什么？其真实的成本核算是多少？其标签上的成分列表是否属实，排序是否合理。

——不夸大新产品预期用途。

——调味品企业预期声称具有特定保健功能的新研发的产品，应预先接受国家有关监督管理部门的审批和监管。

（6）流通管理

对进入流通链后的调味品，执行与调味品防护有关的要求，防止二次污染。对于进入流通领域的不合格调味品执行追溯、召回制度。

（7）调味品生产企业还应该加强自身诚信能力建设，加强信息交流，抵制潜规则，揭露潜规则，为营造行业诚信氛围而努力。

3. 常用的因素识别方法

（1）方法一：过程排查法

过程排查法是指确定某一过程，然后通过诚信因素排查表对这一过程的各种诚信因素进行列表分析，该过程中的小过程也是影响诚信因素的考虑范畴。表 3－1 举例说明。

表 3－1　以某公司生产过程为例分析识别诚信因素

编号：

诚信因素	方面	诚信因素分析	失信表现	失信结果	控制措施	重大失信风险因素判定
配料管理	人	任职要求				是
		健康证		造成产品不合格		
		培训持证上岗	不熟悉相关岗位要求		检查证件，操作工艺培训	
	基					
	法					
	环					
	信					

分析：　　　　　　　　批准：　　　　　　　　日期：

（2）方法二：部门排查法

部门排查法是指以部门为单元进行诚信因素的排查。比如表 3－2 中供应部门在人的因素上的分析。

表 3－2　以某公司采购部为例分析识别诚信因素

编号：

诚信因素	方面	诚信因素分析	失信表现	失信结果	控制措施	重大失信风险因素判定
包材采购	人					是
	基					
	法			采购产品与要求不符		
	环					
	信	信息交流不及时		采购产品与要求不符		

4. 失信风险的评定方法

（1）失信风险评价的主要内容有：发生失信的可能性，发生失信结果的影响。

确定组织失信风险评估的系统方法，然后制定控制目标和方法；评估方法应与组织的性质、产品、规模、诚信方针，法律法规相适应，兼顾效果和成本。一般可采取定性分析法、半定量分析法和定量分析法。

① 定性分析：采用文字形式或描述性的数值范围来描述潜在的失信风险的大小程度。

② 定量分析：利用采集到的数据信息，对失信影响的经济指标、区域范围及可能性的数值范围进行分析。

在自身的 CMS 建设中，采用定性、定量相结合的分析方法能更有效、更经济地进行评估工作。

（2）评价原则：组织失信影响越大，危害越大；可能性越大，失信风险则越大；高危险、高污染性的活动在管理不善时，均存在重大失信风险。

① 失信风险可能性判断存在三种时态：过去曾经发生、现在正在发生、将来可能发生。

② 失信结果影响的判断

失信影响结果同样存在三种时态。

针对企业相关方进行分析，识别控制重点。

造成的经济损失：过去发生过的失信事件造成的经济损失统计，正在发生的经济赔偿数据，将来预计的损失数据等都可以作为评价失信风险大小的依据。

影响的环境区域、影响的时间长短、修复的难易程度等也都是构成重大失信风险的因素。

（3）常用的失信风险评定方式有：

① 问卷调查、观察方式

对失信风险、信用维护以调查问卷形式进行分部门、分岗位的分析确定，表格形式自行设计。这种方式简单、易于操作，但缺乏深度和专业性。

② 角度分析方式

如顾客角度、职工角度或产品角度、服务角度，或品牌角度、食品安全角度、食品反恐角度等。

③ 重大诚信因素统计表（或重大失信风险统计表）

经过排查和评价最终形成组织的《重大诚信因素统计表》或称《重大失信风险统计表》，为制定管理方案提供依据。

④ 威胁树风险评价法

类似鱼刺图，典型的 OCTAVE（operationally critical threat，asset and vulnerability evaluation）方法就是一种威胁树评价法。它是以自主、适当度量、确定过程实施和永续发展为原则，以涉及组织财产、威胁、弱点和影响为主要侧重点的一种分析方法。示例见图 3－2（部分影响）。

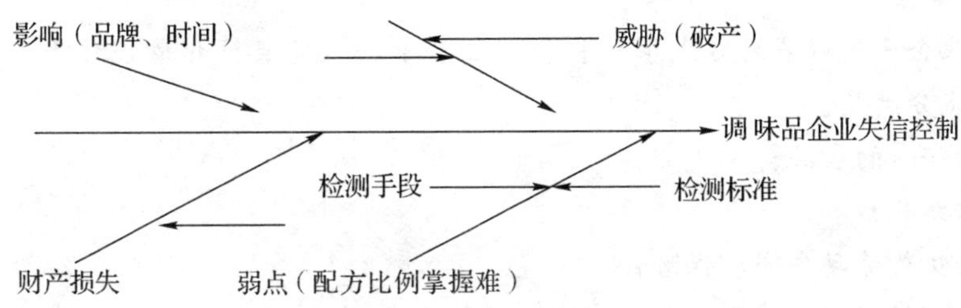

图 3－2 威胁树风险评价法

5. 重要诚信因素更新与再评审

制定程序或措施，确保在诚信管理体系发生变化时对组织的重大诚信因素进行更新和再评价，在体系评价时也应该进行再评审。

6. 失信风险的控制

重大失信风险的控制应在三种状态分别制定措施：正常状态、异常状态和紧急状态，针对这三种状态进行分析，分别控制。

失信风险应从制度上做好两方面的控制：个人行为和组织行为。

失信危机控制是美国的失信危机处理专家杰夫·卡柏尼克罗提出的，分析的六个步骤有：

（1）找出内部最脆弱、最容易失信的地方；

（2）运用预防控制措施维护组织正常运行，防止最脆弱的地方变成危机；

（3）危机一旦发生，应有快速清除的事前计划；

（4）找出危机发生的原因，予以快速制止；

（5）迅速与组织有重要关系者沟通，并获得他们的看法与意见回馈；

（6）密切监视并评估公共关系运作，以维护公司商誉，防治未来危机出现。

以上分析方法只是给大家提供一个建议性参考意见，其实分析方法还有很多，比如在

《认证认可相关组织信用机制建立及诚信评价体系研究》中，采用了两个经济学理论进行了分析，得出了两个失信风险的存在：信息不对称和经济利益与诚信意识的博弈影响下的因素；同时又用技术路线图找出了诚信主体的相关方，为进一步确定失信风险源做出了准备。

调味品生产企业还应特别关注：

（1）调味品工艺过程诚信因素控制；

（2）调味品添加剂超范围和超量使用诚信因素控制；

（3）调味品安全指标诚信因素控制；

（4）调味品菌种管理诚信因素控制；

（5）调味品储运过程诚信因素控制。

三、社会责任

【标准条款】

4.3.3　社会责任

食品工业企业应以多种方式承担和履行社会责任，完善诚信管理体系，树立良好社会形象，以充分满足：

a）提供安全的食品；

b）依法纳税；

c）依法执行劳动合同、保险；

d）符合环境保护、资源节约和生态平衡等要求；

e）合同履约；

f）公共安全。

适用时，包括但不限于以下形式：

a）惠农、扶贫；

b）将社会责任传达、影响到相关方；

c）慈善救助、公益捐赠；

d）文明传承教育及其他公益活动。

食品工业企业应保持相关的记录。

【条款目的】

本条款提出食品工业企业实施、完善诚信管理体系时，履行社会责任的具体体现。

【理解要点】

1. 组织应自觉履行社会责任

社会责任指组织在遵守、维护和改善社会秩序，增加社会福利方面所承担的责任，是企业追求有利于社会长远目标的义务。

社会组织的表现形态为：政府、企业、非营利性组织，这些组织作为社会的组成成员，分别承担着一定的社会责任。

组织的社会责任，不是简单地在组织管理中增设条文性的伦理规范，因为这样的条文规定对于组织来说毕竟是外在的、附加给它的东西，实际上起不到道德自律的调节作用。组织为了证明其产品或服务是在符合道德的条件下进行的，就必须把社会责任视为增进经营信誉和公众形象的重要事项，这种责任主要是组织为自己的行为向社会作出道德上的“担保”。

作为诚信管理体系评价标准的要求之一，各类组织特别是企业不仅要创造物质财富，而且要自觉履行社会责任，参与社会活动，为减轻社会压力作出贡献。

组织的领导在恪守诚信商业伦理和保护公众健康、安全、环境、文明等方面应当成为组织的榜样。组织还应注意在生产的源头——设计计划活动中，考虑产品的研发、生产、分销、运输、使用和产品使用寿命结束后的废弃物处理等所可能造成的有害影响，尽可能保护资源和从源头上减少废弃物。有效的设计活动，应考虑设计缺陷暴露时的应急准备，及时提供所需信息与支持以保持公众的知情权、安全感和解决问题的信心。

食品工业企业参与社会责任活动是在企业资源许可的条件下，量力而行。对于社会责任的管理要求采用适当的测量指标，并明确对于这些指标的领导责任。

2. 广泛意义的社会责任分类

（1）经营责任

经营责任是指高层领导对组织的经营结果如产品和服务的绩效、市场绩效等方面所承担的责任，组织应该承担并履行好经营责任，为丰富人民的物质生活和精神生活，为国民经济的快速稳定发展发挥自己应有的作用。

组织可以从以下四个方面来促进领导的经营责任的实现。

① 有严格的工作流程。要想保证员工尽职尽责，首先对业务流程、服务流程和管理流程等所有工作流程要科学设计，从流程上确保工作质量，只有流程上科学合理，才有可能实现高效。

如企业采取的6σ流程优化、ISO 9001质量管理体系的过程方法等都是严格工作流程的有效方法。

② 强化企业制度。对各岗位按照流程和标准进行要求，而要求的内容，就是制度。制度是从物质上、精神上等多方面约束岗位按照流程标准工作。

③ 人力资源管理。给员工以舒适的工作环境，积极进取的激励机制，科学的个人成长空间，是形成组织文化和凝聚力的源泉。

④ 永续发展。永续发展是组织的战略目标，也是组织应尽的经营责任，只有组织的发展，才能体现组织的价值，尽到社会责任，破产倒退的组织只能成为社会的负担，给社会造成影响，持续改进是组织经营中所采用的一种过程方法，是永续发展的途径。

（2）道德责任

食品工业企业应在与所有相关方的交往中遵守社会道德，管理层应对企业的伦理操守提出要求并加以监控。

道德责任包括两个方面内容，即领导自身的道德和企业的经营道德。道德是领导作用中一个不可分割的部分，领导必须要有个人道德和从业道德。所以在企业建立个人诚信档案时，领导层的个人信用记录是不可避免要涉及的。

（3）法律责任

法律责任是指公民、法人或其他组织在生活及经营活动中应该遵守的责任底线，实施违法行为就会受到相应的法律制裁。组织领导滥用职权、侵犯职工合法权益，或是由于领导的过失、玩忽职守造成了重大的失信影响时，领导都要承担相应的法律责任。

（4）公共责任

食品工业企业在资源条件许可的条件下，要确保恪守经营责任、法律责任、道德责任。企业还应实施服务公众、反哺社会的主动行为，这些行为包括：

① 产品的研发设计阶段。食品工业企业应考虑到人们日益增长的环境意识和企业的环境责任；应考虑环境优化、资源保护和可持续发展。

② 社会公益事业。现阶段构建和谐社会的一个重要任务就是要大力发展社会公益事业。教育、医疗卫生、社会保障等事业的发展关系着人民的最直接利益，也直接决定着社会安定与否、和谐与否。社会公益事业还包括改善公共环境，为精神文明传承作出贡献。

③ 关注环保绩效与公共安全，反对使用童工，改善职工福利和劳动条件等。

④ 食品工业企业还应该注重产业实践和商业实践的改善、非专有信息的共享等。

3. 社会责任的作用

食品工业企业承担社会责任，有利于促进和谐社会的发展，有利于中华文明的传承，有利于诚信社会风气的改善。

（1）企业履行社会责任，有助于解决就业问题

具有社会责任的企业，要做到科学安排劳动力，扩大就业渠道，尽量减少社会就业压力。

（2）企业履行社会责任，保障了工人的切身利益

履行社会责任的组织，力求保证员工工作的环境干净卫生，采取消除工作安全隐患、不得使用童工等措施，保障工人的切身利益。以员工为关注焦点的组织能吸引更多的优秀人才，通过这种管理还可以树立良好的企业形象，获得美誉度和信任度，从而实现企业长远的经营目标。

（3）企业履行社会责任有助于保护资源和环境，实现可持续发展

企业作为社会公民，对资源和环境的可持续发展负有不可推卸的责任，而企业履行社会责任，通过技术革新可首先减少生产活动各个环节对环境可能造成的污染，同时也可以降低能耗，节约资源，降低企业生产成本，从而使产品价格更具竞争力。企业还可通过公益事业与社区共同建设环保设施，以净化环境，保护社区及其他公民的利益。这将有助于缓解城市尤其是工业企业集中的城市经济发展与环境污染严重、人居环境恶化间的矛盾。

（4）企业履行社会责任有助于缓解贫富差距，消除社会不安定的隐患

一方面，大中型企业可集中资本优势、管理优势和人力资源优势对贫困地区的资源进行开发，既可扩展自己的生产和经营，获得新的增长点，又可弥补贫困地区资金的不足，解决当地劳动力和资源闲置的问题，帮助当地脱贫致富。另一方面，企业也可通过慈善公益行为

帮助落后地区的人民发展教育、社会保障和医疗卫生事业，既解决了当地政府因资金困难而无力投资的问题，帮助落后地区逐步发展社会事业，又通过公益事业达到了无与伦比的广告效应，提升企业的形象和消费者的认可程度，提高市场占有率。企业的价值最大化并不等于利润最大化，而是在实现利润最大化的过程中，取得企业品牌、美誉度、社会形象等的最大化，企业回馈社会是企业价值境界的最高体现。

（5）企业履行社会责任，对提升企业诚信品牌有很大的作用

任何一个组织都不是孤立地存在于世界的，它必然会处于或大或小（或多个）的社区当中。社区对组织的态度必将影响着组织的运营，支持社区可以作为一种吸引关注的重要方式，另外随着企业行为日益受到消费者和监管者的严密监督，组织公开表示行善的意愿，可以大大增强公众对一个品牌的信任。因此，组织首先应明确对于组织重要的社区有哪些，然后决定对关键的社区重点参与和支持的领域，最后确定组织如何来支持关键社区的发展和改进。组织对关键社区的支持，并把精力集中在与其业务相关的一些举措上，必将赢得社区对组织的支持，有时可能会对组织的发展产生意想不到的推动作用。例如，石油公司壳牌（Shell）资助墨西哥城的交通事业，电信业巨头沃达非（Vodafone）资助英国自闭症人士的慈善团体等，都对企业的发展起到了良好的推动作用。

（6）社会责任来源于最高管理者的崇高的思想境界和人格魅力

2008 年 6 月 27 日，商业奇才、微软公司创办人兼董事长比尔·盖茨正式履行他两年前的承诺，交棒结束了在微软的全职工作。这一消息成为世界级新闻，社会舆论将关注的目光聚焦于这位 39 岁即成为世界首富、并连续 13 年蝉连这一宝座的财富巨子，他捐出了全部身家 580 亿美元用于慈善事业。毫无疑问，盖茨的财富观对中国式的传统形成了颠覆性的冲击，更多的人以此呼唤中国企业家的社会责任意识。

在盖茨先生这一酷炫的转身中，我们看到的是他对微软企业文化的巨大贡献和对社会才智传承的巨大贡献。

微软如何才能持续保持活力，未来应该靠什么？相信这才是盖茨最关心、最想解答的话题。盖茨的全面退休，将使其全球员工进一步深刻地领会三个真理：

其一，就时间的长河而言，财富其实不属于个人，财富从社会而来，必将最终归属于社会；

其二，企业的进步不能依赖某个人，而是需要一代又一代人的超凡努力和贡献；

其三，没有永远的财富，也没有永远的领袖，但组织的生命可以延续，如果有能力你也可以成为财富的传承者，你也可以担当重任。

【实施建议】

（1）调味品生产企业最高管理者和领导层要有较强的社会责任意识，并且要求内部员工遵守社会道德和职业操守。

（2）调味品生产企业履行社会责任的方式和内容要体现调味品企业特点，量力而行，要与企业宗旨和诚信目标相一致。

（3）调味品生产企业实施的社会活动要进行有效性评价，指明改进的方向。例如：

① 调味品企业依法纳税，按时年检，并取得良好的信誉；

② 按照法律、法规、标准要求，实事求是地判定原辅料价格，与原辅材料供应商、相关合作方有良好合作关系，对商业合作伙伴施加诚信影响，按照合同约定，按时兑付；无恶意拖欠货款、供货违约等情况；

③ 调味品生产企业与其有合作契约、定单的供应商提供所需的必要服务；对确实因质量问题而发生拒收的情况，企业应有后续技术指导分析的安排与行动；

④ 按照国家法律法规的规定，按时足额为职工缴纳社会保险；能够依法执行劳动合同，按劳动合同法用工，有良好的劳资关系；

⑤ 调味品生产企业要认真履行环保责任，应符合行业的环境保护、资源节约要求，污染物排放符合环保要求，且无不良记录；

⑥ 调味品生产企业应积极参与慈善救助、公益捐赠等社会活动，承担社会责任，树立良好的社会形象；

⑦ 调味品生产企业应积极发展低碳经济运行模式。

四、诚信文化

【标准条款】

> **4.3.4 诚信文化**
>
> 食品工业企业应开展以诚信为核心的企业文化建设，树立诚信经营理念。诚信文化建设应包括：
>
> a）质量安全责任感；
>
> b）企业价值观；
>
> c）员工归属感、荣誉感；
>
> d）企业团队精神；
>
> e）企业诚信环境；
>
> f）与相关方的关系等。

【条款目的】

明确了诚信文化建设应包括的主要内容。

【理解要点】

企业诚信文化理念在很大程度上取决于最高管理者的人生观、价值观、金钱观、经营观等，它对组织的诚信方针和目标起到了决定性的作用，对组织文化精神的倡导和培育也产生了巨大的影响。

组织诚信文化建设的主要内容，一是从业人员的职业道德教育，二是企业诚信经营理念。

强化教育机制和文化建设，提高技术人员的职业素养与技术能力。加强关键岗位人员的思想道德教育，提高从业人员的职业素养和社会责任感，建立关键岗位人员诚信档案，提高整个食品行业的公信力。

组织诚信文化是组织的灵魂，是组织核心能力形成的基础。没有诚信的组织是没有凝聚力的，也不会形成品牌，组织诚信文化的独特性和难以复制性决定了组织间的本质差异。组织之间的竞争最终体现为组织诚信文化的竞争，组织诚信文化已经成为组织在竞争中制胜的终极因素。

诚信文化作为全体职工共同信奉的基本理念，能够促进职工以高标准要求自己，实现个人价值追求与食品工业企业目标的和谐统一，营造一种集体共同努力的氛围。通过个人目标的建立、授权，以及职工与监督者和管理者之间有效的信息流动和双向的交流，从而激发员工的工作积极性、主动性和创造性，实现工作单元、操作单元、工作场所内部的合作、有效沟通和技能共享；实现跨工作单位、跨操作单位、跨工作场所的合作、有效沟通和技能共享；实现工作环境的创新，以促进企业诚信文化建设。

【实施建议】

1. 诚信文化建设的主要工作

（1）弘扬诚信文化理念，体现企业价值观。诚信文化理念是组织素养建设的灵魂和凝聚力的源泉，是组织愿景、使命、价值观的体现。可利用文化活动室、宣传栏、企业文化手册等形式弘扬企业的诚信文化理念，也可通过征集诚信文化宣传用语、岗位诚信承诺、签订诚信承诺书等进行诚信文化建设。

（2）落实诚信目标。诚信目标的实现是组织诚信绩效的体现。

（3）在企业内部宣传、培训、培养员工质量安全意识，提高质量安全责任感，提升企业整体素质。

（4）完善法人治理结构，强化民主管理，建立健全职代会制度，加强科学及民主决策，帮助员工解除后顾之忧，隆重表彰优秀员工，增强员工归属感、荣誉感。以人为本，采用刚柔并济的管理模式。

（5）创建学习型组织。要求员工不断提高自身素质，养成自觉执行制度、作业标准的良好习惯。

（6）营造良好诚信环境和氛围，增强团队精神。

（7）建立与相关方友好、互助共赢关系，全方位塑造企业良好形象，提升企业凝聚力和社会影响力。

诚信文化建设，是组织在长期生产经营活动过程中，逐步形成的具有本组织特色的物质财富和精神财富的总和，它包括组织全体员工共同拥有的思想意识、价值观念、行为规范、生活准则等。

2. 诚信文化建设较成功的经验

主要有：

（1）领导重视，讲求诚信经营之道；

（2）长期坚持，培育诚信企业精神；

（3）精心塑造，光大诚信企业形象；

（4）全员共建，和谐优美诚信环境。

五、目标、方案和指标

【标准条款】

> **4.3.5 目标、方案和指标**
>
> 食品工业企业应针对其内部有关组织机构和职能，建立、实施并保持形成文件的诚信目标、方案和指标。
>
> 食品工业企业在建立诚信目标时，应符合诚信方针，并考虑：
>
> a）重要诚信因素；
>
> b）适宜时，制定量化指标；
>
> c）财务、信用状况；
>
> d）其他应遵守的要求。

【条款目的】

目标、指标管理和控制方案管理是预防失信行为、控制失信风险、减少失信损失的重要手段。

【理解要点】

1. 目标、方案和指标

组织在分析包括法律法规的要求、社会责任在内的诚信因素的基础上，辨析重大失信风险，以此为基础，策划相关目标、指标和方案。

目标是使命或宗旨的具体化，它是指个人或组织根据自身的需求而提出的在一定时期内经过努力要达到的预期成果。每一个组织都有自己的目标，其目标都不是单一的，往往是一个目标系统。目标能够为管理决策确立方向，并可作为标准用以衡量实际的成效。良好的诚信目标是组织获得诚信绩效和事业成功的基础和保障，是实现组织诚信战略的必备手段。

方案即诚信管理方案，是组织为了完成诚信目标、控制失信风险的管理策划。方案包括了目标、指标、责任分工、完成时间和采用方法。

指标是预期达到的指数、规格、标准；指标是目标的具体要求，是管理方案的预期结果，更具有约束性。

目标和指标可以是社会承诺的内容之一，在自我声明里要有所体现。

2. 建立诚信目标、方案和指标

食品工业企业应根据自身特点和诚信方针，制定诚信目标和管理方案，适时设定方案的结果指标。

如可行，目标和指标应可测量。

组织在建立和评审诚信目标时，应考虑法律法规要求和其他应遵守的要求，以及自身的重要诚信因素。此外还应考虑可选的技术方案，财务、运行和经营要求以及相关方的观点。

组织应制定、实施并保持一个或多个旨在实现诚信目标和指标的方案，其中应包括：

（1）规定组织内各有关职能和层次实现诚信目标和指标的职责；建立关键岗位人员诚信档案。

（2）实现目标和指标的方法和时间表。必要时作为承诺的一部分。

（3）形成文件。诚信目标、管理方案和指标要形成文件并在组织中落实和实施。

3. 目标管理实施

目标管理的实施就是目标实现的过程，它的工作质量直接影响着目标的实现。为了保证各层次、各成员能实现目标，必须授予相应的权力，使之有能力调动和利用必要的资源，保证目标实施有效地进行。在诚信管理体系中，授信特别是内部授信也是一种授权。

（1）目标分解（图3-3）

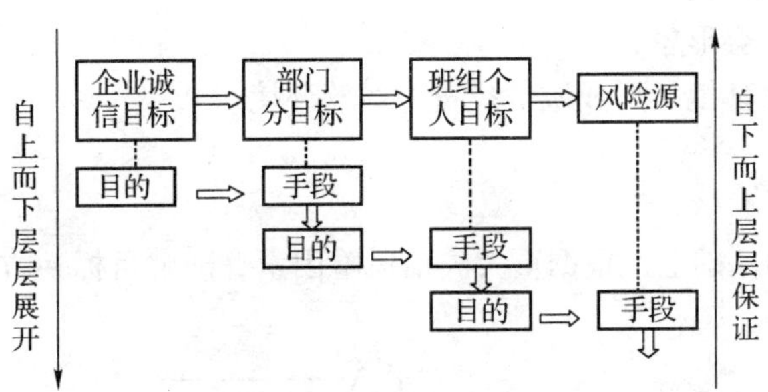

图3-3　目标分解展开图

（2）目标实施过程

编制计划→自我控制→监督与检查→协作和信息沟通

（3）目标完成情况的评价

目标完成情况的评价是实施目标管理过程中不可缺少的环节，它可以起到激励先进和教育后进的作用。目标完成情况评价的步骤：先由执行者进行自我评价，并填入目标卡片中，送交上级主管部门，然后再由上级客观地给予评价。

（4）实行奖惩

根据评价结果实行奖惩，评价考核一定要同物质及精神奖励相结合起来，体现诚信的社会公德和榜样的效应。评价考核工作是否公平、合理，是否照顾到了大家的公信力，这对后续工作的影响是很大的。因此，组织领导人一定要谨慎抓好这项工作。

（5）新的目标管理循环

诚信绩效评价与奖惩，既是对某一阶段组织活动效果以及组织成员贡献的总结，也是为下一阶段的工作提供参考和借鉴的材料。在此基础上，再制定新的目标，开始目标管理的新一轮循环。

4. 方案管理

方案在某种意义上讲就是目标管理，目标的完成、风险的控制是靠具体工作来达到的，管理方案就是为目标、指标的实现规定的方法和途径。诚信管理方案就是诚信目标、指标的实现方法和途径。

组织应制定、实施并保持一个或多个诚信管理方案，对诚信管理体系的目标、指标进行管理，方案中应包括的内容有：

（1）各部门、各岗位确定的诚信目标和指标，确定目标、指标完成的责任人。

（2）关键岗位人员签订责任声明并建立诚信管理档案。

（3）确定实现目标和指标的方法和时间表。

（4）诚信方案在组织内部或对外进行公布，内部自查或由第二方、第三方进行监督执行的情况。

5. 自我声明

组织的诚信目标、方案和指标在适当的机会可形成自我声明，写入文件。

自我声明的作用：

（1）自我约束的动力；

（2）实现组织诚信方针、战略的方法和途径；

（3）寻求相关方的认同；

（4）树立诚信的社会形象；

（5）影响周边社区环境，形成诚信投资、经营环境。

【实施建议】

在诚信因素分析的基础上，根据重大失信风险因素，确定目标→方案设计→指标制定→目标管理（见图3－4）。

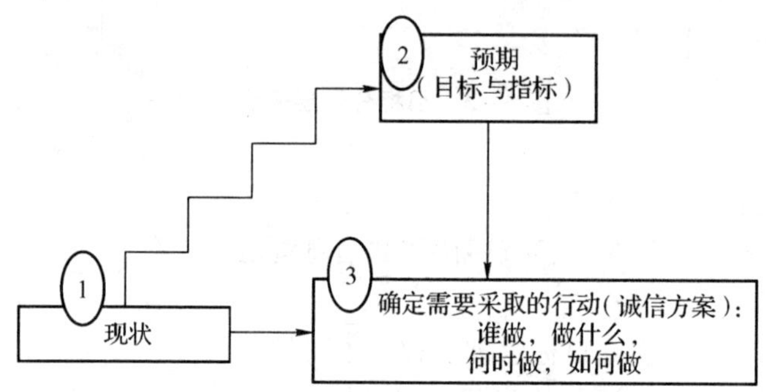

图3－4 制定目标、指标、方案的步骤

1. 确定目标

（1）确定目标的思路

① 法律法规的要求、产品标准要求；

② 考虑重大的失信风险因素；

③ 可行和可操作的技术方案和技术措施；

④ 考虑财务、运行和经营上的要求；

⑤ 考虑相关方的要求；

⑥ 相关部门、相关区域建立目标。

（2）目标的内容

① 对外失信风险控制；

② 对内员工失信风险控制；

③ 职业健康保护；

④ 环境目标；

⑤ 其他社会责任目标；

⑥ 服务承诺；

⑦ 法律法规及其他的要求。

（3）目标的形式

目标的形式可以是自我声明、承诺等文件形式。

2. 方案设计

① 范围：确定方案适用范围；

② 职责：确定各相关部门的职责；

③ 方法、技术：采用先进的管理技术和方法，预防为主的控制方法；

④ 资金：管理方案离不开资金支持；

⑤ 进度：对时间阶段进行要求的管理方案，才具有可操作性和实现的可能；

⑥ 验收：方案实施过程和结果均应测量；

⑦ 报告：方案的阶段性和最终项目或某一诚信目标的完成，应有报告，总结绩效，提出改进建议。

3. 指标控制

指标是目标的时段、区间、部门或人员岗位工作标准的具体化，是目标的细化量化，是方案的预期结果。

4. 目标、指标和管理方案的统一

在组织建立诚信管理体系时，往往要把这三者联系在一起，目标是指标的纲，指标是目标的细化，目标和指标又为管理方案提供了要求，管理方案是保证目标指标实现的措施和途径。表 3－3 举例说明三者之间的顺序关系。

表 3－3　某公司销售部目标、指标及管理方案

部门：__________

<table>
<tr><th rowspan="2">序号</th><th rowspan="2">目　标</th><th rowspan="2">指　标</th><th colspan="4">管　理　方　案</th></tr>
<tr><th>方法措施</th><th>执行部门</th><th>完成时间</th><th>预算（元）</th></tr>
<tr><td rowspan="4">1</td><td rowspan="4">提高顾客满意度</td><td rowspan="4">满意度大于 90%，顾客投诉处理满意和及时 100%</td><td>（1）选择合格物流公司</td><td rowspan="4">销售部</td><td></td><td></td></tr>
<tr><td>（2）合同项目负责制</td><td></td><td></td></tr>
<tr><td>（3）产品、服务管理</td><td></td><td></td></tr>
<tr><td>（4）沟通渠道拓展</td><td></td><td></td></tr>
<tr><td rowspan="5">2</td><td rowspan="5">提高员工诚信意识</td><td rowspan="5">100% 新员工月前进行培训，培训合格率 98%</td><td>（1）对培训需求进行调查与确认</td><td rowspan="5">综合管理部</td><td></td><td></td></tr>
<tr><td>（2）制定培训计划</td><td></td><td></td></tr>
<tr><td>（3）编制培训教材</td><td></td><td></td></tr>
<tr><td>（4）实施培训</td><td></td><td></td></tr>
<tr><td>（5）培训效果的验证</td><td></td><td></td></tr>
<tr><td rowspan="3">3</td><td rowspan="3">提高公益形象</td><td rowspan="3">在 5 月底前在厂社区公路主干道装隔离栏</td><td>（1）选择厂门口</td><td rowspan="3">综合管理部</td><td></td><td></td></tr>
<tr><td>（2）联系公路管理部门</td><td></td><td></td></tr>
<tr><td>（3）安装</td><td></td><td></td></tr>
</table>

编制：　　　　　　　　　　审核：　　　　　　　　　　批准：

5. 调味品生产企业的实施特点

调味品生产企业成功的诚信目标、指标和方案，并予以持久坚持和良性运行，主要体现在：

（1）有符合调味品生产企业发展规律的增长速度；

（2）有较好的营利能力；

（3）有适度的资产负债率；

（4）有较好的银行信用等级，最低应是A级。

六、文件

【标准条款】

> **4.3.6 文件**
>
> 诚信管理体系文件应包括：
>
> a）诚信方针、目标和（或）指标；
>
> b）对诚信管理体系覆盖范围的描述；
>
> c）对诚信管理体系要素及其相互作用描述的相关文件或查询途径；
>
> d）对诚信因素实施有效管理及控制所需的管理文件和记录；
>
> e）其他。

【条款目的】

诚信管理体系文件是诚信管理体系运行的依据，可以起到沟通意图、统一行动的作用；阐述了食品工业企业应制定的诚信管理体系文件的内容。

【理解要点】

1. 文件的形式

文件是指信息及其承载媒体，而媒体的形式可以是纸张、计算机磁盘、光盘、照片、标准样品或其他电子媒体或它们的组合形式。这种有意义的数据以上述的媒体方式存在时，就是文件。

2. 文件类型

按信息类型分为：诚信手册、战略策划、标准规范要求、指南性文件、程序文件、作业文件、表格记录。

3. 文件的要求

（1）文件化的诚信管理体系要求文件为体系服务。

（2）决定文件多寡和详略程度的因素：

——企业的规模，如人数多少；

——企业的类型，如制造业、服务业等；

——过程及过程之间的相互作用的复杂程度；

——适用的法律法规及其他要求；

——人员的能力，如人员接受培训的多少、教育程度的高低、技能的熟练程度和经验。

4. 管理体系的文件构架

如图3－5所示。

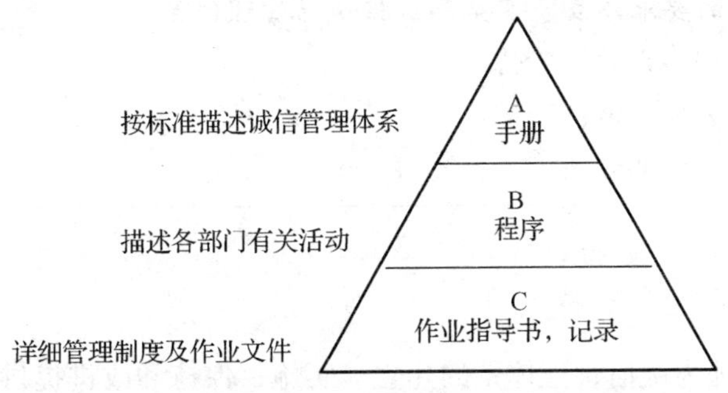

图3－5 管理体系文件的构架

5. 文件清单

编制受控文件清单，列出所需要的文件。

6. 记录

记录文件的控制状态和文件运行效果。

【实施建议】

（1）组织编制诚信方针、目标和指标性文件。

（2）组织编制诚信管理体系文件，内容符合标准，覆盖范围明确。

（3）组织策划、编制、运行和控制所需的文件、记录。

（4）识别、更新、控制外来文件，特别是当地诚信监管部门的政策性文件的辨识，记录查阅证据。

（5）建立诚信管理文件清单，判定其识别范围程度的符合性，并记录有关证据。

（6）确定记录的标识、数量和内容，详略程度应适宜，具有可追溯性。

第四节 实施与运行

一、资源、职责和权限

【标准条款】

> **4.4 实施与运行**
>
> **4.4.1 资源、职责和权限**
>
> 最高管理者应确保为本企业诚信管理体系的建立、实施、保持和改进提供必要的资源保障，包括人力资源和专项技能、基础设施和财力等。

食品工业企业应有效开展诚信管理，对职责和权限做出明确规定，建立食品安全事故内部责任追究、内部失信预防与惩戒公示等制度，形成文件，并予以传达。

最高管理者应任命诚信负责人，明确规定其职责和授信权限，以确保：

a）按照本标准的要求建立、实施和保持诚信管理体系；

b）报告诚信管理体系的运行情况；

c）协调处理相关方投诉；

d）负责内部诚信信息管理。

【条款目的】

食品工业企业必须为诚信管理体系的建立、实施、保持和改进提供必要的资源保障。规定食品工业企业应任命诚信负责人，并明确相关职能和层次的职责权限，有效开展诚信管理。

【理解要点】

1. 资源

资源包括：人力资源、技术支持资源、基础设施、工作环境、资金支持和其他支持，特别是领导重视和参与可以算作一种难得的资源。

关注人力资源，确保从事影响食品工业企业诚信工作的人员应是能够胜任本岗位工作的。食品工业企业最高管理者应任命内部诚信管理员（或称内部核查员），组织内部核查、组织社会活动都需要人力资源的支持，关键岗位人员的确定、关键流程的细化是预防失信的重要条件，无论是预防内部失信还是外部失信。

技术资源支持，包括先进的制造工艺、检验工艺、管理工具和诚信信息统计技术等，这些都是确保诚信管理体系的建立、实施和改进的保障。

应确定、提供并维护达到符合诚信要求所需要的基础设施。基础设施包括建筑物、工作场所、过程设备（包括硬件和软件）、支持性服务等。要做好需求计划、设施台账以及设施进行维修保养和设备运行状态的相关记录。比如：运输设备的良好是及时运输和保证时间的条件之一；确保检测设备检测能力准确，特别是用于检测和交易用的计量器具。

食品工业企业还要有一定的资金财务运作能力，做好资金科学有效地使用，避免出现欠款纠纷。

确定并管理好食品工业企业的工作环境，包括物理、社会、心理环境和影响环境的因素，做到以人为本。只有工作环境舒适、心理健康、员工心理舒畅才能调动大家工作的积极性，才能有效培养诚实守信的社区环境。

其他资源的提供：如政府政策支持等。

2. 职责、权限

（1）确定组织机构图，职能分配表等，设置诚信管理办公室或将诚信的有关工作安排在相应部门。

食品工业企业为了诚信管理体系的有效运行，应首先对各部门职能作用、各岗位的职责权限做出明确规定，然后在相应部门的岗位工作职责中确定相应的诚信条款约束，对部门间的沟通予以确定，并形成文件，以便遵照执行。

食品工业企业建立诚信管理体系，除了对部门进行诚信目标设置外，对各岗位人员进行诚信监管职能的考评、授权和授信也是食品工业企业建立诚信管理体系必不可少的相关条件。

（2）各职能部门的作用、岗位职责、权限等确定后，以文件形式传达到相关方，对内部员工进行沟通交流，形成执行文件，对外则为公开监督文件。

3. 任命诚信负责人

最高管理者应任命一名诚信负责人，一般是高层管理成员，并得到最高管理者的任命，能直接向最高管理者汇报工作，可以专职也可以兼职，得到最高管理者授信，承担 CMS 的建设和持续改进任务。

诚信负责人个人素质要高，要具有一定的协调沟通能力。诚信负责人的职责和权利是：

（1）负责协调资源，确保 CMS 运行所需过程的建立、实施和保持；

（2）向最高管理者报告 CMS 的运行情况，包括业绩和改进的需求，并取得最高管理者支持，在体系评价中提供诚信管理体系运行报告；

（3）协调处理客户投诉和与 CMS 有关事宜的外部联络。包括与诚信体系建设有关的宣传、诚信标志的使用情况、体系改进的通报、社区沟通、社会征信、公益活动策划与沟通；

（4）处理协调内部诚信事务，批准内部核查计划，组织内部核查；

（5）协调策划公益活动和诚信品牌，起草诚信战略规划；联系诚信管理体系评价事宜。

最高管理者授权诚信负责人，在一定权限内代表食品工业企业的诚信信誉。在这种意义上说是食品工业企业对其授权就是一种授信。

诚信负责人，按国际惯例又称为诚信代言人，是组织最高管理者授权任命代表组织进行诚信管理和处置有关诚信事件的企业负责人。为企业做广告的代言人也有诚信义务，随着国内法制健全，将来国内广告代言人的诚信和企业的诚信也有相应的连带责任。

【实施建议】

（1）必要的资源保障

调味品生产企业的诚信管理体系建设不仅需要组织机构、职能分配，还需要必要的资源。如：

① 调味品生产企业主要管理人员及职工素质情况

——企业需具备相关专业技术人员或外聘人员；

——管理层要有一定从业资格及年限，满足企业发展需求；

——车间主要工段的操作工人，获得国家职业技能鉴定证书的技术工人达到一定比例。

② 工作人员持证上岗情况

——从事调味品质量检验、感官评鉴、安全管理的人员应持有有关部门或机构颁发的资格证书；

——特殊工种应持有有关部门颁发的职业资格证书。

③ 调味品生产企业的基础设施及技术装备，应满足相关要求。

④ 检验设备配备情况：调味品生产企业应配备与质量检验项目相适应的检验设备。

⑤ 必要的财力保障。

（2）最高管理者任命诚信负责人，这是调味品生产企业建立、实施和运行诚信管理体系的第一步。

企业失信风险、责任事故的第一责任人是法人代表、是最高管理者。责任事故就是对社会的一种失信。在诚信管理体系中，最高管理者任命诚信负责人。诚信负责人全权代表最高管理者行使一定权力，调动资源，确保诚信管理体系的建立、实施和持续改进，对外发布有关信息，这种信息代表着一个企业的信誉和权威。

（3）成立诚信管理办公室或由一个牵头部门组织成立实施小组，具体负责诚信管理体系的策划、建立、实施、保持和改进任务，诚信负责人为实施小组组长。

（4）确定诚信管理体系中的组织作用，确定各部门各岗位的诚信管理职责，在关键过程需要确定责任人，在一定范围内实行内部授权或授信。

要使组织作用发挥良好，产生良好的效果，必须设计良好的组织结构。设计组织结构就要遵守一些原则和程序，同时还要考虑到影响组织结构的因素。

① 不同的企业有不同的特点，不可能用统一的组织模式，所以设置组织结构，需要选择适当的组织结构形式。组织结构框架设计，包括纵向结构设计和横向结构设计两个方面。通过组织、职位、职责、职权以及它们之间的相互关系，实现纵横结合，形成不同类型的企业结构。

② 在组织结构设置的基础上确定最高管理者的组织职能。

最高管理者的职能主要包括以下工作内容：

——设计合理的组织结构；

——确定组织的管理层次和管理宽度；

——进行部门划分；

——在组织中进行职权配置；

——组织内实现合理授信；

——开展组织的变革与发展。

③ 组织部门职权与授权的确定。

职权，即职务范围内的管理权限。

授权，指由管理者将自己所拥有的一部分权力授予下级而形成的分权，管理者授权是现代管理的一种管理方法与领导艺术。授权的员工要掌握做出适当决策所必需的信息，因此要求组织以一种及时和有效的方式提供这些信息。

④ 组织改进，包括了组织机构变革。管理者要采取有效的措施促进组织的改进顺利进行。

二、教育、培训和能力

【标准条款】

4.4.2　教育、培训和能力

最高管理者应建立诚信教育机制，确保自身及其员工具有道德意识和社会责任意识，保障全员和代表企业工作的人员具有诚信意识、职业道德、安全管理和相应规定的资质与能力。

食品工业企业应提供与诚信管理体系有关的培训，包括对食品质量安全和诚信体系管理人员的培训，使员工理解：

a）诚信方针和诚信管理体系要求的重要性；

b）个人在诚信管理方面的作用与职责；

c）个人对企业诚信的影响以及个人工作改进带来的效益；

d）违背诚信规定的后果；

e）失信行为对个人的影响。

食品工业企业应保持相关的记录。

【条款目的】

食品工业企业应通过教育、培训提升员工素质，确保其员工具有相应规定的资质与能力。

【理解要点】

食品工业企业为完成使命，实施诚信战略，必须在一系列的经营活动中确定与诚信有关的关键层面，包括关键部门、关键岗位人员的业务能力和诚信意识。规定了人力资源管理部门在聘人、用人、育人和留人过程中应遵守的诚信原则，也对员工的诚信意识做了要求。

1. 识别组织的工作系统，安排系统工作

虽然人力资源部门不涉及生产经营活动，但根据需要合理安排人员是人力资源管理部门必须把握的。

人力资源管理部门着眼于工作系统，安排的是一组人员。为此，应该考虑：

（1）工作系统；

（2）职工执行力，这种能力以部门的高绩效工作来实现；

（3）高绩效工作。

常见的测量与激励方式有诚信部门评比、诚信小组评比、诚信个人评选等活动，严格考核标准，充实诚信内容，固定评价时段是各类组织激发高效工作的有效手段。

2. 岗位职责确定和任职要求

岗位职责要有相应的规定，无论是团队还是个人，要想达到最大能量的发挥，都离不开职责的确定和授权。任职要求应注意：

（1）确定可能具有重大诚信影响的工作岗位

从一般意义上来讲，食品工业企业的供应、销售、质检、服务、设计等业务部门有对外接触的机会，产生诚信因素的几率较大，能够产生直接影响组织信誉的结果，所以组织应该认真识别，确定岗位管理的方案。部门设置因组织规模而异。

（2）识别食品工业企业内部工作与交流时所涉及的能力和诚信要求

与诚信有关的关键岗位人员的任职要有一定的能力要求，这种能力基于必要的教育、培训或经历经验。

① 个人能力与个人职业化程度

“个人能力”是指通过员工自身的知识、技能、才能和胜任力来完成工作过程的能力。这些能力包括建立和维持顾客关系，发明和引入新技术、开发新产品、适应新服务、满足业务变化、市场调整的综合能力。

职工的个人能力也受职工个体的职业化程度的影响。一般来说，职工的职业化程度越高，其执业能力越强；职工的职业化程度越低，其执业能力就越低。这就需要组织在聘用职工时注意考察职工的职业化程度，在运营过程中提高职工的职业化程度。

为此，人力资源管理部门要提出各岗位的任职要求，对于关键岗位的人员的要求要更加详细、具体和客观。能力要求包括学历、年龄、经验、个人职业化程度、职称和资格等内容。要充分调动员工的积极性，发挥个人优势，成功地完成任务。

② 职工敬业度

“职工敬业度”是西方组织的一些提法，指员工在完成自己工作的同时与其他岗位积极配合，为实现组织的使命和愿景，在感情上和智力上的参与程度。员工敬业度从侧面由员工参与度来体现，员工敬业度水平高的组织，通常表现出高绩效的工作环境，这种环境能激励员工为了顾客利益和组织的成功做出最大的贡献。

一般来说，当员工发现个人努力、工作中的激励能令他们得到正面肯定和支持时，他们会更加敬业。敬业的员工可以与组织形成更加互信的的关系，彼此之间有一个更安全、可信和合作的环境。良好的沟通和信息流动、适当的授权、有效的认可和奖励体系、平等的机会、公平的待遇和友好的环境，这些都是促进敬业度的关键因素。

③ 职工满意度

职工满意度是指职工对组织的满意程度，包括职工对于组织在薪酬、认可、激励、生活福利、组织关怀和发展机会等方面的满意程度。

任职要求中，可以考虑职工对组织的满意程度，满意程度低的职工在原因未找到或问题没有解决前，一般不能安排在诚信影响很关键的部门。

④ 职工诚信意识

诚信是立业之本，任何岗位的员工都要有诚信意识，特别是关键岗位人员要认识到自己的行为代表的是整个部门或整个组织的信誉，认识到个人或团队失信带来的严重后果、潜在不合格带来的潜在危机等。

诚信意识可以构成一个组织的文化核心内容，也是员工良好工作环境的基础，舒心的工作环境离不开彼此坦诚交往。

⑤ 职工诚信度、敬业度与职工满意度的关系

职工诚信度是职工在完成工作过程中执行诚信量化指标的程度，包括诚信意识、服务规范、守法性评价和相关方满意度等数据。

职工敬业度与职工满意度是直接影响职工工作绩效和职工诚信度的关键因素，职工敬业度与职工满意度有着密切的关联关系，影响职工敬业度、满意度的因素同样会影响着职工的诚信度。

很多研究都证明职工敬业度和满意度水平高的组织对诚信绩效有明显的、正面的影响。在一些非营利性组织中，雇员和志愿者都很乐意并从他们的工作中感受生命的意义，因为他们的工作和个人的价值观是一致的。敬业度、满意度和诚信度是统一的。

⑥ 诚信成就团队精神

组织的成功日益依赖于其全体员工及合作伙伴的多样化的背景、知识、技能、创造力和动机。团队精神是不可或缺的条件，人力资源管理有培养员工团队精神的内容。

团队精神的核心是协同合作，从而形成强大的凝聚力和整体战斗力，保证组织的高效率运转，最终实现团队目标。明确的协作意愿和协作方式是团队作战的真正动力。如果没有诚信，没有正确的管理文化，没有良好的从业心态和奉献精神，就不会有团队精神。

（3）保留符合能力要求的证据

使关键岗位人员满足必要能力的方法有外部招聘和内部竞聘、转岗及培训学习，这些措施要保留有关记录证据。比如招聘文件、培训计划、培训记录和员工技能资质证书等。

3. 涉及重要诚信因素的岗位人员控制

（1）确定人才招聘计划

并不是所有的关键岗位都能在组织内部找到合适的人选，很多时候需要根据组织关键岗位的相关信息，在组织外部甚至竞争对手那里寻找所需的员工。

（2）构建职工绩效管理系统

由于环境不同，组织要求不同，使得同样学历、同样经历的员工在同一岗位上创造的价值是不同的，也可以说绩效是不同的，这就需要组织的人力资源管理部门在安排岗位人员时，认真考虑。建立职工绩效管理系统，就能达到人尽其才的效果，提高职工诚信度，必要时采用更严格的考核方法和控制方法，如个人诚信档案、诚信协议和相应的惩戒机制。

职工绩效管理系统应与职工薪酬、奖励、认可和激励措施密切相关，职工薪酬、奖励、认可和激励措施必须以绩效管理系统为依据，薪酬和认可体系应与组织的工作系统相适应。

（3）岗位职责与诚信目标

涉及重要诚信因素的岗位职责要明确，特别是在工作程序上要突出诚信意识和举措，诚信目标要由部门分解到岗位，部门领导的诚信目标和承诺授权更要明确，在诚信手册中或相关管理文件中要有明文规定。

（4）授权

组织的用人计划离不开授权，制定岗位职责，配以适当授权能最大限度地调动员工的积极性，通过高效工作系统和团队精神来完成战略计划，实现组织既定目标。

适当的授权能让组织和相关方接触时给予相关方最大的满意，增加诚信度，比如售后服务部门职工在维修服务时，对于顾客提出的合理要求，能当时解决的，顾客一定会满意，如果请示来请示去，一定会降低顾客满意度。

（5）工作的挑战性

对于高素质的职工来说，工作的挑战性更能吸引他们的注意力，激发其工作热情和创造性。因此，对于此类人才仅有高的薪酬待遇还是不够的，还要给他们安排具有挑战性的工作，使他们有展现才华和能力的舞台，从工作中体会到人生的乐趣，实现个人价值。

（6）尊重员工和合作伙伴

培养组织的团队精神需要组织形成尊重员工和合作伙伴的良好氛围。

尊重员工意味着组织要致力于员工的满意、发展和福祉。这需要组织在充分考虑员工多样化的职场需要和家庭生活需要的基础上，采用更加灵活的高绩效工作方法。

4. 建立组织和个人学习系统

当今时代是一个知识经济时代，是一个十分注重学习的时代。一切变革的基础都是学习，学习的能力与知识的更新速度是一个组织团队战斗力的集中体现。如何形成学习型组织，如何建立一个理想的团队，就成为当今各类组织发展的关键。学习的内容不仅有技术的学习、管理知识的学习，还有意识的培养、观念的学习和转变。为了适应社会的进步，实现组织的运营绩效，各类组织需要建立起一套行之有效的学习方法——组织和个人的学习系统，有时供方、顾客和组织自身会联合起来进行教育培训，其目的就是打造绩优团队，以求诚信共赢。

学习型组织应包括五项要素：一是建立共同愿景；二是团队学习；三是改变心智模式；四是自我超越；五是系统思考。

学习包括了教育和培训，教育针对的是道德、品质、意识和精神，培训主要针对能力。

与诚信因素和诚信管理体系有关的培训需求因组织的性质不同，培训要求也不一样，一般包括产品宣传教育、法律法规学习、沟通艺术、专业技能、服务理念、信守承诺意识、职业道德等方面的培训。

（1）组织学习

培训是组织给予员工最大的福利，培训就是生产力。

组织不仅要组织员工创造财富，同时也要为员工提供学习的机会。这种学习型组织的理念将在更深刻的意义上改变组织，改变员工的精神面貌，优化员工的素质。一个组织的变化根本上在于人的变化，所以知识的更新和技能的提高就成为组织发展的基本需要。如果一个企业不组织学习，不实施培训，不仅留不住人才，还会毁掉许多有潜质的人才，组织还会面临服务质量下降的危机。学习与培训，对员工来说是最大的福利，利于个人成长，利于职业生涯规划；对于组织来说，学习和培训则是最好的投资，会给组织带来良好的回报。

组织可以根据需要，建立程序文件，规定组织学习培训的要求。

组织的学习既包括对于当前做法的持续改进，也包括为确立新目标和/或新做法的重大变革。学习的原始资料可包括雇员和志愿者的创意、研究与开发、顾客的意见、最佳实践的分享和标杆分析。

① 学习必须根植于组织的运作中，并做到以下几点要求：

——学习是日常工作的常规组成部分；

——学习实施在个人、部门及整个组织各个层次上；

——学习促成了在源头解决问题；

——学习着重于在整个组织中构筑和分享知识；

——学习为引起重大而有意义的变化的机会所驱动。

② 通过组织的学习，可以实现以下目的：

——改进产品和服务，为顾客增加价值；

——开发新商机；

——减少差错、缺陷、浪费；

——提高反应能力；

——提高整个组织资源利用率和有效性；

——提升组织在履行社会责任方面的绩效。

③ 组织学习培训的步骤：

——确定与诚信有关的培训需求

由各职能部门根据需要提出培训申请，一般在每年的年初。

——培训计划

人力资源管理部门根据培训申请综合考虑，制定培训计划。

——培训实施

人力资源管理部门根据培训计划，落实培训任务，特别是要将员工的诚信教育融入到国民诚信教育大环境中。

——培训评价

根据培训结果，评价培训有效性，找出改进方向。

④ 组织文化的培育。培育组织文化，培养员工敬业精神。诚信意识和奉献精神是组织的一项长期任务。

（2）个人学习

① 职工发展和学习系统

职工的成功日益依赖于其个人的学习机会，依赖于实践新的技能。在依靠志愿者的组织中，志愿者的个人学习也是很重要的，他们的学习和技能发展与员工应同等看待。

职工发展的需要会因组织的工作性质、职工的职责、组织和个人的发展阶段而有很大差异。这些需要可包括如下技能：知识共享、沟通、团队、解决问题、满足顾客需要、过程方法、清洁生产、激励志愿者并和志愿者一起工作和成本与收益分析等。组织需要识别职工的发展和学习的需要，结合组织的发展和学习的需要，制订满足职工发展和学习需要的计划。

建设学习型组织，鼓励职工的学习和个人发展，职工的学习和个人发展必须有利于强化组织的核心能力，有助于应对组织面临的战略挑战和行动计划的完成，并推动组织绩效的改进、加快组织技术的变革和创新。

组织通过教育、培训及其他的成长机会投资于员工的个人学习，这些机会包括了职位轮换、提高与知识和技能有关的薪酬。在岗培训是一种见效快、费用低的培训方式，能够更好地将培训与组织的需要和重点相结合起来。教育和培训可以充分利用各种先进技术，如基于计算机网络的学习以及卫星传播等。

组织的离职或退休人员经过长期的学习和实践，积累了大量的知识资产，这些知识不仅是其个人的财富，也是组织的财富，不能因其离开而导致知识的流失。这就需要组织的知识管理系统应具备共享雇员和组织知识的机制，以确保在流动中保持高绩效的工作。每一个组织都应明确有哪些知识对其运营是至关重要的，然后在实施系统的过程中来共享这些信息，这样对于那些隐含知识（如由雇员个人所获得的知识）的保持和传递尤为重要。

学习不仅直接给组织带来了更好的产品和服务，而且还提升了组织的响应能力、适应能力、创新能力和效率，从而带给组织更强的市场实力和绩效优势，也带给职工更高的满意度和更强烈的追求卓越的动机。

② 领导的发展和学习系统

领导的发展和学习系统较职工而言具有更强的针对性，应根据每位领导的个人特质，量身打造其学习与发展计划。在组织领导的发展和学习系统中，应体现组织知识的开发和符合伦理的业务实践。领导的发展和学习同样要有利于强化组织的核心能力，有助于应对组织面临的战略挑战和行动计划的完成，并推动组织绩效的改进，加快组织技术的变革和创新。

组织的领导发展和学习系统中应阐明领导发展机会的多少，包括教育、培训、训练、启导和相关的工作经验。对于领导而言，其较一般员工应更加重视发展的机会。当组织向其展现出良好的发展机会时，可以充分激发其学习和提高的积极性，强化其敬业度和打造诚信基业的决心。

有些大学开设对经理、管理者的培训课程，其中就有诚信教育章节，人无信不立，业无信不兴。作为法人代表、总经理或是关键部门的经理，如果没有法律观念，没有诚信道德意识，是不可能打造百年品牌的，也就不可能保证员工的诚信意识。

5. 较高的诚信度、满意度是留用人才的基础

为保持职工的诚信度，留住人才，不至于人才流失，组织需要分析并确定影响职工诚信度、满意度的因素。由于不同的职工有着不同的经历和工作背景，有着不同的动机和兴趣，他们的关注也有所不同，因此影响其诚信度、满意度的因素也会有所差别。

（1）薪酬与福利待遇

由于面临购买住房、医疗支出和子女教育等各方面的巨大经济压力，很多职工依然将工作视为主要的谋生手段，希望能获得满意的薪酬与福利待遇，为自己的生活及后续发展提供足够的经济支持。组织薪酬的计划应能体现出组织对个人工作能力及工作成果的公正评价，分配的公正性直接影响着职工对组织的忠诚程度，没有较高的忠诚度的职工，对薪酬不满的职工，难免有跳槽的想法，也很难保证个人诚信度。

（2）员工诚信能力、工作能力的认可程度

中国有句古话“疑人不用，用人不疑”，员工对自身诚信能力是否能够得到组织的认可十分关注，对于一些组织来说，组织对职工的认可程度对职工忠诚程度的影响超过了薪酬与福利待遇。因此，及时肯定职工的诚信意识和诚信信任度，对关键岗位人员圆满完成工作任务是至关重要的。

（3）个人的职业发展机会和空间

对自己将来抱有极大希望的职工，对工作的敬业，对于过程的诚信就容易做到；对将来不抱希望的职工，随时准备跳槽的职工，失信的几率就将增大。任何人都希望自己的工作能力最终能体现在个人的职业发展上。如果职工长期的努力工作和良好业绩不能赢得发展机会，其敬业精神就会削弱，这就涉及组织用事业留人的问题；相反，如果组织能够为职工个人提供相应的职业发展机会和空间，必然会对职工产生强烈的吸引力，并强化其敬业精神和诚信意识。

（4）组织前景与领导管理水平

组织前景、组织领导的管理水平影响着员工的情绪。职工情绪是影响组织诚信的一个因素。前途光明、精神十足的职工诚信愿望一定高于萌生去意、前途渺茫的职工；如果一个组织内部管理系统不够健全，部门或岗位职责不清晰，部门间的横向联系不够，那么在工作过程中屡屡受到挫伤的职工就很难把组织的诚信方针和诚信目标当成一回事。

（5）组织文化氛围与工作环境

组织要树立诚信品牌意识，应把诚信立业融入到组织文化建设中。组织文化围绕诚信、积极、乐观、拼搏等内容展开，这一文化氛围将成为影响职工诚信度的重要因素。组织的宗旨、使命、愿景、战略和价值观如果能与员工个人成长、个人信用相一致的话，就一定能提高职工的诚信度。

【实施建议】

（1）建立诚信教育、培训和能力的机制，提升企业的人员素质。

人力资源管理的四大任务：聘人、用人、育人、留人。在此四项管理中考虑个人综合素质，首先注重人品，注重诚信意识，在此基础上才是个人能力；在集体组织教育中，要着重营造诚信的组织环境。

（2）建立诚信关键岗位人才数据库，保存个人诚信档案。必要时，签订有关协议，允许个人失信信息披露。

（3）在组织的框架下，设定工作岗位，确定任职要求和诚信目标，制定招聘计划和招聘文件。

（4）根据诚信数据库数据分析，确定上岗职工，关注有诚信影响的岗位。

（5）设计个人职业生涯规划，设计继任计划，对影响组织诚信的关键岗位人员进行系统教育和有意识的培养，这些培训应纳入到组织的培训计划中。

（6）根据诚信培训学习需要，制定培训计划，实施培训，评价培训效果，记录有关证据。

培训管理要点包括：

① 需求

培训需求表，包括部门、培训需求、参加人、时间。

② 计划

培训计划表，包括年度培训次数、内容、时间、地点、人员、费用。

③ 方案

培训方案，包括内容、教材、参与人员、时间、地点、授课人、考核方法。

④ 记录

培训记录，要有签到表、培训记录表、考核登记表。

⑤ 效果

实施诚信培训效果评价，并利用评价结果改进诚信培训。

（7）培训与绩效的关联性如图 3－6 所示。

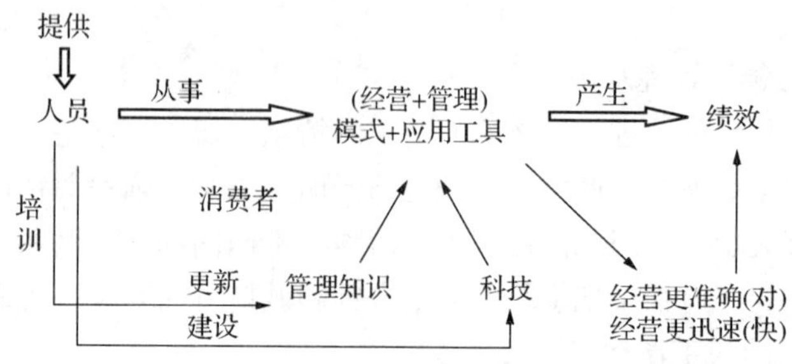

图 3－6　培训与绩效的关联性示意图

三、信息交流与控制

【标准条款】

> **4.4.3　信息交流与控制**
>
> 食品工业企业应建立、实施并保持诚信信息交流与控制程序，规定内部、外部信息交流的内容、范围与形式。
>
> 实施与诚信因素和诚信管理有关的信息交流时，应满足：
>
> a）食品工业企业内部各层次和职能部门间的诚信信息交流；
>
> b）与外部相关方的诚信信息交流，包括诚信风险信息收集等；
>
> c）诚信信息的及时性、真实性和可追溯性。
>
> 食品工业企业应保持相关的记录。

【条款目的】

诚信信息交流与控制，有利于食品工业企业提高诚信管理水平和诚信风险信息的快速传递、及时处理。

【理解要点】

（1）食品工业企业应建立、实施并保持诚信信息交流与控制程序。

（2）信息交流包括内部交流和外部交流。

（3）交流的方式有：口头、电话、书面、展览、展销、会议等形式。

（4）按沟通中信息流动的方向划分可分为：上行沟通、下行沟通、平行沟通和对外沟通。

【实施建议】

（1）制定程序文件，确定信息交流的方式、内容、范围和职责。

针对诚信因素，组织应确定内部和外部的信息交流的目的、内容、方式和评价标准，形成程序文件并加以实施，以便加强组织诚信建设，了解顾客和相关方的需求，增强顾客和相关方的满意，树立组织诚信形象和达到组织期望。

有效的控制要遵循一定的原则，按照一定的步骤进行。控制的基本程序包括确定交流对象、交流内容、方式及要达到的目的。

（2）调味品生产企业应确保有关诚信因素和诚信管理体系的相关信息在组织内部各职能和层次间的有效沟通。信息交流与控制体现在各部门、各层次之间的协作上。

信息交流控制有多种类型，按控制方向不同可分为供方交流、顾客交流、行业交流、媒体交流、内部交流等。交流的方向不同，内容和形式就各不相同。比如海尔的三“E”卡就是一种内部沟通方式。所以组织要识别诚信管理体系中需要的交流对象和信息种类，确定信息交流的有关文件，实施信息交流，评价改进交流的有效性。

“海尔”为厂内每位工人设计了“三 E”卡，“三 E”卡即 Everyone（每人）、Everyday（每天）、Everything（每件事）都有一个卡片，对上级所下达的指标，对下级所完成的任务要求都有一个指标。每天做的事必须存起来，每个人的工作都要达到要求。

（3）调味品生产企业应确保有关诚信因素和诚信管理体系的相关信息在组织外部各相关方间的有效沟通；它体现在诚信共赢和营造诚信环境上。

（4）信息是沟通的载体，包括：数据、文件、文化、思想和情感。

信息交流的记录档案要有严格的归档程序。确定、保留信息交流的有关记录，建立信息平台，实现信息共享。

信息交流要注意信息安全，对于网站、数据库等实施有效的访问控制。

（5）信息的交流模型，见图 3－7。

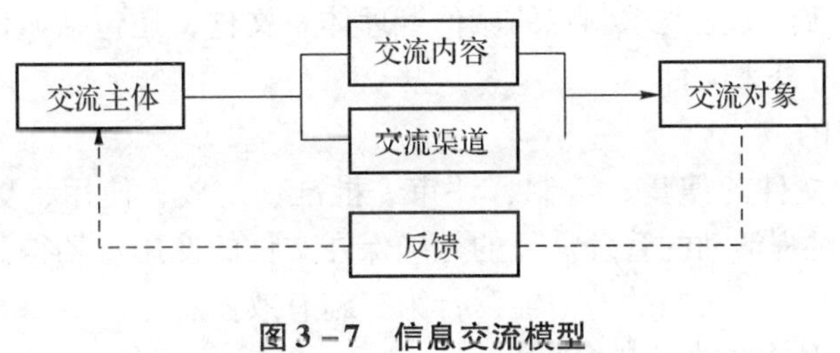

图 3－7　信息交流模型

（6）信息的交流对象如图 3－8 所示。

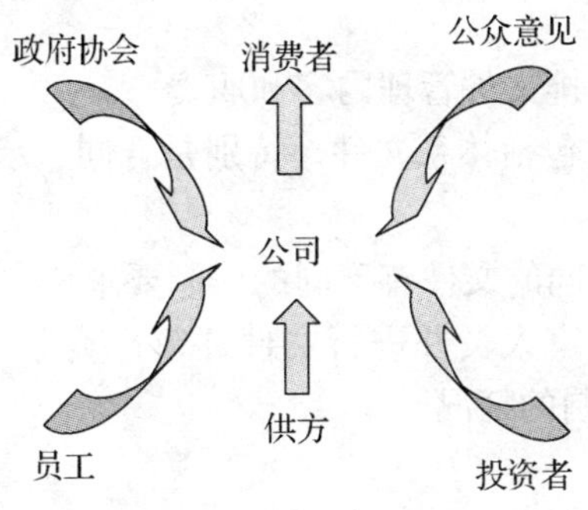

图 3－8　信息交流对象

（7）构建征信平台，与国际接轨。国际上的惯例是实现征信平台的信息共享，除去个人隐私及保密性资料外，信用信息资源共享，为经济的发展和合作提供必要的信息。这些信息平台应与行业信息、政府掌握的信息接轨，实现有效信息的交流。目前各省都在建立诚信信息平台，但各省的主管部门不同，力度也不同，统一归口管理，形成有力的监管机制还有很长的路需要走。

四、文件控制

【标准条款】

> **4.4.4　文件控制**
>
> 食品工业企业应建立、实施并保持文件控制程序，以确保对本标准和诚信管理体系所要求的文件进行控制。

【条款目的】

建立、实施并保持文件控制程序，确保诚信管理体系文件受控，并起到沟通意图、统一行动的作用。

【理解要点】

1. 文件控制的范围

文件控制范围包括按标准要求制定的诚信管理体系文件，还包括诚信管理体系所要求的法律法规、标准要求等外来文件。

2. 文件控制的目的

文件控制是指对文件的搜集、编制、评审、批准、发放、使用、更改、再次批准、标识、回收和作废等全过程活动的管理。目的是确保在文件的使用现场得到有关文件的适用版本，防止使用作废文件，对人们的诚信经营行为实施有效控制。

3. 建立、实施并保持文件控制程序

食品工业企业应建立、实施并保持相应程序，以确定文件管理过程。文件控制程序包括以下内容：

（1）文件发放前

① 确定文件管理部门，安排文件管理内容和职责。

② 确定文件管理的范围（包括体系文件，特别是合同、承诺、宣传页），确保文件数量能满足体系的需要。

③ 确定文件编制人员，不同的文件有不同的编制要求。

④ 确定文件评审时机和评审人员并进行文件评审，确保文件的充分性、适宜性（即文件的内容适合于组织及诚信控制的情况）。

⑤ 文件发布前应得到批准。

⑥ 文件应易于识别，清晰可辨，比如采用对文件进行编号的方式，可实现对文件的快速查找。

（2）文件发放

① 组织应确保在使用场所能得到有关文件的有效使用版本。

② 组织应能识别与产品有关的全部外来文件，包括与产品有关的法律法规、产品标准等，并对其进行管理；要控制外来文件的分发并使其处于受控状态，即对外来文件进行跟踪识别，以确保适用的外来文件的正常使用，满足法律法规和其他要求。

（3）文件发放后的管理

① 文件在实施的过程中可能会因组织结构、产品、工作流程、法律法规等发生改变而变化，这时有必要对原文件进行评审；组织也可以根据需要对文件进行定期评审以确定文件是否需要更新。文件若发生修改则需经再次批准。

② 组织应能识别所有文件的修订状态，如采用控制清单、修订一览表及标识等方式。

（4）文件的终结

组织应防止作废文件的非预期使用。如有可能，应考虑将这些作废文件从所有发放和使用场所及时收回。若由于法律或其他原因而保留作废文件，应对这些文件进行适当的标识，如标上代表作废的颜色。

（5）记录要求

记录是一种特殊的文件。其特殊性表现在记录的表格文件化，一旦填写完毕就起到了提供所完成活动的证据的作用，这时就转变为记录的范畴，不许进行更改或更新。记录应按4.4.5的要求予以控制。

【实施建议】

（1）建立文件控制程序，确定负责部门。文件控制程序应包括文件的编制、评审、批准、发放、回收、借阅、更改、作废、销毁等内容，确保使用文件的有效性。

（2）建立文件控制清单。其中包括内部文件清单和外部文件清单。

（3）执行文件控制程序，保留必要记录。

五、记录控制

【标准条款】

4.4.5　记录控制

食品工业企业应根据需要，建立并保持必要的诚信记录，用来证实对诚信管理体系及本标准要求的符合，适用时包括企业生产经营和关键岗位人员诚信行为等诚信档案。

食品工业企业应建立、实施并保持程序，规定诚信记录的标识、存放、保护、检索、留存和处置。

诚信记录应真实可靠，标识明确，并具有可追溯性。

【条款目的】

规定了记录控制要求，以提供诚信管理体系的相关证据。

【理解要点】

1. 记录的概念

记录是阐明所取得的结果或提供所从事活动的证据的文件。诚信记录是阐明诚信管理体系中的过程结果或活动的证据，是诚信管理的重要内容，存在于各级诚信管理体系文件之中，它是诚信管理体系文件中的一种特殊形式的文件。

2. 记录的范围

记录的范围是诚信管理体系要求和运行的证据。

3. 记录的作用

（1）记录是证据。建立记录保持体系并把记录书面化，可提供产品、过程和体系、适用的法律法规符合要求及诚信管理体系有效运行和监控的证据。

（2）具有追溯、证实和依据记录采取纠正和预防措施的作用。

（3）为诚信管理体系实施改进、体系评审提供客观依据。

（4）诚信信息记录和诚信档案联网，能有效遏制个人失信、经济失信、贪污受贿等社会诚信危机。

只有很好的对记录进行控制，才能发挥记录的作用。没有记录就无法证明发生了的或没发生什么事。

4. 记录的要求

（1）记录要求原始、真实、准确和完整。

（2）记录应字迹清楚、标识明确，并可追溯和可见证相关的活动。

（3）记录应便于查阅检索。

5. 记录的形式和种类

记录的形式通常包括原始记录、统计表和报告，在诚信管理体系标准中，常见的记录包括：

——体系评价记录；

——内部核查记录；

——业务连续性维护记录；

——文件备份记录；

——诚信信息档案等。

记录的种类有组织记录和个人记录。

6. 记录的控制

（1）组织应建立、实施并保持记录控制程序，以确保对记录进行有效的控制；

（2）确定记录的责任管理部门和相应岗位的管理职责；

（3）按性质对记录实施分类和整理；

（4）记录控制的主要内容是记录的标识、存放、保护、检索、保存期限和处理。

——对记录进行标识，可采用颜色、编号等方式；

——收集、归档，控制收集的范围，掌握归档时间，分类管理；

——存放，安排适宜的环境，防止记录的损坏、变质或丢失；记录可以集中保存，也可以分散保存；应规定其保存期限并予以记录；

——保护与保密，包括对记录的防护和保管、借阅的要求，非纸质记录进行拷贝；

——检索，应易于查找，包括对编目、归档和查阅的要求；

——留存，应根据产品特点、法规要求及合同要求决定保存期；

——处置，包括记录最终如何销毁的要求。

【实施建议】

（1）确定记录管理部门。

（2）编制记录控制程序。

（3）编制相应管理制度和规定。搜集并遵守国家、行业或地方的诚信信息记录管理规定。

（4）收集已有的记录。

（5）编制诚信管理体系要求的记录，借用、改进行业内已成型的信用表格，对已有和新建的记录、档案进行编号、标识和统计，建立记录控制清单，清单中应列出所有记录的名称、标识、归档保管地点、保管期限等。记录的表式应保持适宜，因此应列入文件评审控制范畴。记录表式应有版本号，如年份、版次、修订次数。

（6）建立生产经营和关键岗位人员诚信信息档案。

（7）对记录实施归档管理，制定归档时间和归档内容以及责任人。

（8）对记录、档案实施存放、保护、保密和使用管理，保存和使用要符合相应的管理规定。

（9）对记录的规范性、完整性、简化实用性要在内部核查和日常检查中进行评审和改进。

（10）记录的形式有纸张表格式、板报式、电脑信息式、样品式等。

（11）表3－4是调味品生产企业生产经营和关键岗位人员诚信行为等诚信档案的示例。

表3－4　诚信档案

单位：　　　　　　　　　　　　　　　　　　　　　　　　　　　　　　编号：

姓名		年龄		性别		文化		岗位		职务		诚信等级	
诚信考核结果及奖励或诚信等级升级	1. 第一季度或上半年 …… 第四季度或下半年 2. 奖励或诚信等级升级情况：												
失信记录及处理结果	1. 失信情况： 2. 处理情况：												

六、运行控制

【标准条款】

> **4.4.6 运行控制**
>
> 食品工业企业应根据诚信方针、目标和所确定的诚信因素，建立、实施并保持运行控制程序，以确保：
>
> a）诚信方针和目标的实现；
>
> b）在程序中明确运行准则，包括质量管理体系、危害分析与关键控制点体系、良好生产规范等；
>
> c）必要时，将运行控制程序通报相关方。
>
> 食品工业企业应保持相关的记录。

【条款目的】

建立实施并保持运行控制程序实现诚信方针和目标。

【理解要点】

1. 运行控制的概念

运行控制，是指食品工业企业根据其方针、目标和指标，识别和策划与所确定的重大失信因素相关的运行活动，以保证这些活动按计划进行，并纠正各种重要偏差的过程。

可以从以下三个方面理解：

（1）运行控制有很强的目的性：即运行控制是为了保证组织中与重大诚信因素有关的各项活动按计划进行；具体又分为两个目的：第一个目的是维持组织重要诚信因素得到正常的有效控制。控制应随时将计划的执行结果与准则进行比较，若发现有超过计划允许范围的偏差时，则及时采取必要的纠正措施制衡出现的失信倾向，使组织内部系统活动趋于相对稳定，防止失信事件发生，实现组织的既定目标；第二个目的是在维持组织活动正常运行的基础上打破现状，提高执行力和公信力，突出诚信品牌。运行控制要根据内外环境的变化对组织新的要求和组织不断发展的需求，打破执行现状，重新修订计划，确定新的现实和管理控制准则，使之更先进、更合理。

（2）运行控制是通过预防手段实现的风险控制。预防手段将通过对主观因素和客观要求的控制实现。

主观因素预防，主要是对组织群体和个人诚信意识的培养，特别是对管理层、财会人员、销售人员、技术人员等，培养的手段是意识教育、警示教育和制度教育。

客观因素预防包括了人、基、法、环、信的管理。

这些运行与活动的范围包括组织的全部活动、产品或服务。这些运行与活动的范围既应有日常管理活动，也应包括新的或计划中的活动，确定时还应充分考虑正常、异常和紧急三种状态。

（3）运行控制采用针对诚信因素的过程进行控制，这一过程要素与其他要素之间是有关联的。

运行控制的重要输入信息（见图3－9）包括以下要素：结构和职责；培训、意识和能力；协商和沟通；文件；文件和资料控制；应急准备和响应；绩效测量和监视。

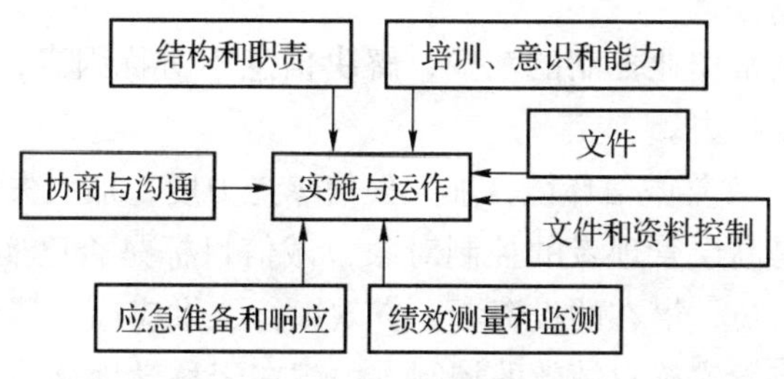

图3－9　运行控制结构

2. 运行控制的实施

对于已经确定了的运行和活动，按照准则要求应建立运行控制程序，明确规定运行准则，实施有关程序。

对于组织内工作场所中的运行和活动实施运行控制，具体内容包括：

（1）识别与所认定的失信风险有关的运行和活动；

（2）确定这些运行和活动是否需要采取失信控制措施，这些措施是针对失信风险因素确定的，可以降低失信可能、减少失信影响；

（3）建立并保持运行控制程序；

（4）确保上述运行和活动按运行控制程序执行；

（5）对于相关方所带来的失信风险实施运行控制，并通报相关方；

（6）组织在设计工作场所、过程、装置、机械、运行程序和工作组织时在诚信原则下实施运行控制；

（7）为了确保运行控制程序的适宜性和有效性，组织需对运行控制程序进行定期评审，并在此基础上及时加以修改，并予以实施。

3. 运行控制的内容

组织的产品不同，经营方式不同，诚信因素的重点也不尽相同，运行控制的内容都是对重大失信风险因素的控制。

（1）对人员的控制

组织的目标任务是由人来完成的，为了使员工按照管理者所制定的计划去实现组织的目标任务，就必须对人员进行有效的控制。对员工诚信意识的培养，解决职工困难，疏导职工心理，提高员工忠诚度、敬业度是解决主观失信的有效方法；解决客观失信，对人员进行控制最常用的方法就是个人工作能力的提高以及直接巡视，及时发现问题及时解决；另一方法是对员工的工作表现进行评估，通过评估，针对员工的工作表现，进行奖励或惩罚。

（2）除对基础设施控制，确保设备能力、作业环境满足能力外，特别是对财务要加强控制。确保偿债能力、履约能力和发展能力。

（3）对正常作业的控制

作业控制就是对组织从生产要素投入到最终产品和服务产出的转换过程的控制。典型的作业控制包括监督生产活动以保证其按计划进行；评价购买能力，监督企业的产品或服务的质量，以保证满足预定的准则；确保内部的诚信基础，正常的作业条件是减少失信的因素之一。

对信息的控制也是正常作业控制的范围，解决信息不对称因素，就不会存在某些盲区，比如再注册时的诚信记录缺失。

（4）对绩效的控制，改善诚信环境，加大失信曝光力度，加大失信成本。

在组织内部，绩效是高层管理者的控制对象，诚信目标是否已实现都从这里反映出来。在组织外部，证券分析人员、潜在的投资者、贷款银行、供应商、消费者以及政府部门也十分关注组织的绩效。要有效实施对绩效的控制，关键在于科学地衡量和评价组织绩效。诚信绩效的重要表现是诚信的社区氛围是否基本形成或已经好转，人们的诚信意识是否明显提高，失信损失是否呈下降趋势等。

4. 运行控制记录

运行控制的记录要按记录控制程序要求进行，证据记录内容有：形成文件的运行程序与支持性作业文件；防止失信的流程图、作业文件；与诚信有关的运行记录等；对相关方就诚信方面施加影响的协议、文件、实施记录等。

【实施建议】

1. 建立诚信管理体系运行控制程序

根据调味品企业的诚信方针、诚信目标和指标，以及重大诚信因素识别的结果，确定运行控制的相关程序。

调味品生产企业的诚信方针、目标指标内容不能空洞，应完全反映调味品生产企业活动、产品或服务的特点和适用法律、法规的要求；目标指标应量化或建立评定准则，及时根据调味品企业内外部条件变化进行适时调整。

2. 确定运行控制的内容和深度

运行控制应体现预防为主，其控制活动必须从源头抓起，运行控制的对象是组织内与所认定的风险有关的需采取控制措施的运行和活动。控制活动通常包括但不限于：

（1）（供应和销售过程中）营业场所的失信风险源的控制；

（2）调味品生产和工艺研发中的质量缺陷、安全隐患等失信风险源的控制（包括储运、包装）；

（3）特殊作业的许可证制度；

（4）大型机械设备安装、保养维护及使用失信风险源的控制；

（5）物料搬运贮存变质的失信风险源的控制；

（6）调味品储运过程的失信风险源的控制（产品保护、及时性、气候、季节、运输路线等）；

（7）研发、调味过程对人员诚信服务意识、技能、技术的要求；

（8）其他风险源的控制。

调味品生产企业应特别注意：如调味品生产企业使用的产品和服务存在外包方影响诚信因素，应将外包方纳入到有关程序中，将有关的管理要求和程序通报外包方，使他们的行动符合组织诚信方针和其他要求。

3. 运行控制的程序举例

（1）《销售过程诚信因素控制程序》；

（2）《指标定期检查控制程序》；

（3）《履约能力控制程序》；

（4）《检测设备送检控制程序》；

（5）《食品安全与反恐控制程序》；

（6）《关键岗位人员诚信度控制程序》。

4. 程序内容

（1）控制的指标，即进行控制活动的目的取向，也是进行该项控制活动的依据。组织中的运行控制必须针对诚信因素有一个控制指标，但这个指标必须服从组织的诚信目标。

（2）控制的主体，即管理者及其所属的职能部门。

（3）控制的客体，运行控制有利的诚信因素或有害的失信风险活动，控制的对象应是组织的某个活动。

（4）控制的方法和手段，即为达到有效的控制所采用的各种科学方法和手段，包括所应用到的管理办法和法律法规。

运行控制过程如图 3－10 所示。

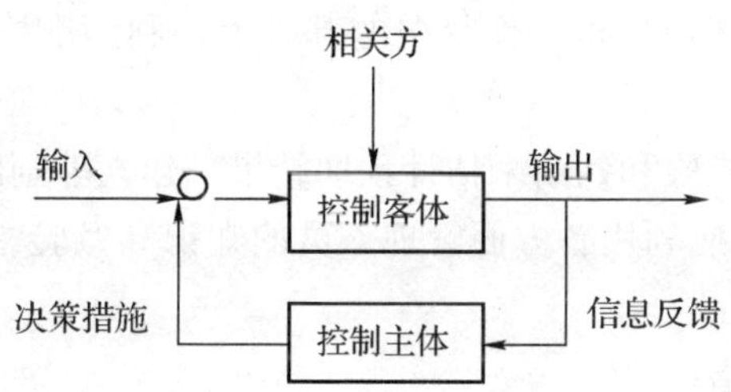

图 3－10 运行控制的过程示意

5. 运行控制的步骤

一般包括确定控制准则、衡量实际业绩和采取纠偏行动三个步骤。

（1）确定运行控制准则

控制主要是对组织诚信有重大影响的活动加以约束，以求实现所期望的目标，为此必须首先确定一些准则，作为共同遵守的衡量尺度，作为比较的基础。没有科学合理的控制准则，就无法对运行活动进行控制。控制准则的制定要以诚信方针和诚信目标为依据，综合考虑控制对象的特点等多种因素，找到关键的控制环节，同时也离不开制定准则的科学方法。

① 选择控制指标

管理者应确定控制的诚信因素指标，选择重要诚信因素的关键控制点和关键参数作为重点控制的对象。重要诚信因素的关键控制参数选择得不当，就会加大失信概率和失信的危害影响程度。

② 制定控制准则

在控制过程中发挥应有作用的控制准则需要满足如下基本要求：a）诚信因素关键点控制；b）具备前瞻性；c）降低风险可能性；d）减少风险影响性；e）确保一致性；f）确保运行方法可行性；g）确保内部诚信评价可操作性；h）控制准则应该具有足够的灵活性，以适应各种不利的变化，或把握各种新的机会。

③ 制定控制准则的过程。控制准则的制定是一个科学决策的过程。这一过程的展开，首先要明确控制的诚信因素对象，然后选择好控制点，再确定具体的控制准则。

④ 确立控制对象。进行控制首先遇到的问题是"控制什么"，这是在决定控制准则之前首先需要解决的问题。选择关键控制点。关键控制点一般有以下特征：会影响整个工作运行过程的重要操作与事项；能在重大失信出现之前显示出差异的事项；能反映出组织主要绩效水平的时间与空间分布。

⑤ 制定准则的方法

制定控制准则就是通过评价诚信因素失信风险的大小确定控制的对象、内容和结果。对此必须要有组织内部的失信风险评价，这种评价是建立在一般诚信因素之上的半定量评价。诚信评价或失信评价，评价的是概率和影响，本质上是一种基于预测未来可能性来辨识不同企业的方法（Lyn，2000）。信用评价技术虽然种类繁多，但都是依据西方经济信用理论的原则，遵循信用评价技术的内在发展逻辑，或内源创新，或外源移植发展而来的。从发展的历史维度来看，西方信用评价技术的发展历经了经验判断时期、数学模型时期和系统综合时期。

a）统计方法。根据组织的历史资料和其他单位的资料来确定控制准则。

b）工程技术方法。在客观分析工作状况的基础上，利用准确的技术参数和实测数据来制定工作准则。

c）经验估计法。根据经验和判断来估计预期结果，建立准则的方法。

准则不是一成不变的，应利用各方面管理人员的知识和经验，综合大家的判断，列出一个相对先进合理的准则。

（2）衡量诚信实际业绩

为了确定实际业绩，管理者必须得到运行控制的有关信息。所以运行控制的第二步就是衡量。衡量的结果一般来说有两种，或者事情正在按策划进行，或者事情的进程与策划存在着差距。假如事情正在按策划进行，保持策划继续进行就可以了。假如事情没有按策划进行，就意味着实际的进程与策划之间存在着偏差，就要分析偏差产生的原因，然后进行第三步工作。

衡量实际业绩，就是要衡量诚信管理体系中经常提到的征信、授信、用信和维信这四个方面的业绩考核。征信有内部征信和相关方征信两个方向和渠道；授信既包括最高管理者对诚信负责人的授信，也包括组织对各个部门的授信，这不仅仅是金融业的授信概念；用信，表现在组织各岗位、各部门的程序化运行中，是否实事求是，是否具有完备的执行力；维信，包括了员工的诚信意识和工作敬业程度，同时还包括了组织的诚信战略和诚信社区影响。

衡量工作成效是以预定的准则为依据来进行的。如果偏差是在准则执行中出现的问题，那么需要纠正执行行为本身；如果是准则本身存在的问题，则要修正和更新预定的准则。这样利用预定准则去检查各部门、各阶段和每个人工作的过程，同时也是对准则的客观性和有效性进行检验的过程。

（3）采取纠偏行动

对实际工作成效加以衡量后，下一步就应该将衡量的结果与准则进行对比。如果有较大的偏差，则要分析造成偏差的原因并采取纠正措施；如果没有偏差，则宜首先分析控制准则是否有足够的先进性，在认定准则水平合适的情况下，将之作为成功经验予以分析总结，以用于今后的或其他方面的工作。这一步骤是控制过程的关键。

6. 风险的运行控制类型

（1）前馈控制、同步控制和反馈控制

控制可以发生在活动开始之前、活动进行过程中或活动完成之后。按控制点的位置不同可分为前馈控制、同步控制、反馈控制。

（2）直接控制和间接控制

根据控制手段进行分类可分为：间接控制和直接控制。

（3）预防控制和更正控制

（4）正式组织控制、群体控制和自我控制

（5）集中控制、分散控制和分级控制

7. 控制的方法

管理控制的方法一般可分为正常性控制和异常紧急性控制。在前面已经简单介绍。

正常性控制为可预见性控制，就是我们平时所说的运行控制程序，起到维护组织正常运转的作用；异常和紧急状态的控制为非预见性控制，一般要建立应急预案和响应机制。

七、应急准备和响应

【标准条款】

> **4.4.7　应急准备和响应**
>
> 食品工业企业应建立、实施并保持应急准备和响应程序，以应对可能对诚信造成影响的紧急情况或事故，采取产品追溯、召回和上报制度等有效措施，预防或减少因失信产生的影响。
>
> 食品工业企业应定期评审应急准备和响应程序。必要时，进行程序修订，特别是当事故或紧急情况发生后。
>
> 食品工业企业应定期演练上述程序，并保持相关的记录。

【条款目的】

对可能的失信事故和失信产生的紧急情况的诚信危机进行程序化管理，预防或减少因失信产生的影响。

【理解要点】

（1）应急准备和响应的范围：潜在失信事件、紧急失信事故。应急准备和响应是对实现诚信管理体系正常的运行控制程序起到保证作用的辅助性要素，是实施失信风险控制的进一步补充。

（2）应急准备和响应的措施。针对风险控制措施的失效情况所采取的补充措施和抢救行动，以及制衡其他事故发生后对诚信承诺牺牲倾向，对可能随之引发的赔偿、荣誉影响、信用修复等的紧急情况所采取的措施。

（3）食品工业企业应评审应急准备和响应的计划和程序，尤其是在事件或紧急情况发生后，可以根据实际的应急情况，评价应急准备和响应的计划和程序，以便于改进计划和程序，提高应急能力。

（4）记录应急准备和响应的措施策划和实施情况。

【实施建议】

1. 建立失信预警系统

应急准备与响应的根本在于防患于未然，从各个工作岗位到业务部门再到管理层，都要建立失信风险预警系统，保持信息畅通，任何失信可能的数据都要有分析统计传达的途径。

2. 建立失信应急指挥系统

在失信预防及事故反应机制上，参考危机处理方式，要建立一把手为最高领导的失信应急指挥系统，要建立应急指挥小组，无论是在企业还是在政府机构都适用。指挥系统除了能指挥调动人员外，还能调动和启用应急准备金、应急联系网络、消防设备、通讯设备等。

3. 建立有效的应急响应程序

（1）应急准备与响应控制程序的目的

为了有效地控制失信事故发生或在紧急情况下做出应急准备和响应，最大限度地降低事故产生的可能性和减少失信造成的损失和影响。

（2）适用范围

该程序适用于组织范围内有可能发生的食品安全及反恐预防事件、生产安全、人身安全及环境污染等突发事故的紧急处理，并与政府的有关应急预案相对接。

（3）应急准备与响应控制程序的职责

① 最高管理者负责应急突发事故的现场总指挥并负责重大事故的上报，诚信负责人负责应急现场的指挥、调度和通报工作。

② 诚信管理部门（体系办或诚信办）：

——负责制定应急预案。

——负责协调各部门组织各种事故的应急补救和应急演练，对补救措施或演练效果进行评审，负责对各种事故发生后所采取的措施进行验证。

——负责对关键岗位人员应急准备的培训，并对培训效果进行验证。

③ 各部门根据自身职责特点，负责应急预案的执行。

④ 后勤部门包括财务部门负责应急准备资源的保障。

（4）制定适合于企业要求的应急准备和响应程序应考虑的因素包括：

——应急状况和事故的类型和规模；

——识别应急响应需求（包括应急设备需求）；

——对应急情况和事故的最适合的响应方式，包括召回、营救、上报、公告、发布提示信息等；

——最小化损害的措施；

——不同类型应急情况和事故的响应措施，包括更名、赔偿、新闻联络机构、信誉补救修复事宜等；

——内部和外部的沟通计划和方法；

——潜在的或紧急情况和事故后的评估，可采取的纠正/预防措施；

——定期演练和做好应急人员的培训等。

（5）工作程序

① 组织职责

成立应急响应领导小组，最高管理者任组长，诚信负责人任副组长；组员由相关单位负责人组成。

② 应急响应领导小组职责

——负责应急响应的领导和指挥工作；

——负责应急响应的补救措施调度工作；

——负责应急响应的准备和检查工作；

——负责向上级汇报险情及处理情况；

——负责应急响应的预警、沟通与惩戒管制。

③ 应急管理对象

——政府机构的自然灾害、疫情等预警通报与告知；

——食品质量安全隐患及安全事故，包括食品安全与食品防恐、人身安全、设备安全；

——环境污染；

——违约失信造成的重大影响事件；

——诚信环境包括公益活动影响到组织，组织未进行有效反应而产生重大不良影响的；

——偷税漏税造成的社会影响；

——产品质量隐患、制假售假、逃避债务、商业欺诈的责任人追究和举报管理。

④ 应急预案的编制

诚信管理部门组织编写，诚信负责人审核，最高管理者批准后实施。

⑤ 应急预案的内容

——评估潜在事故风险的性质、规模及突发事件的可能关系；

——制定应急补救通讯联系网络和措施；

——制定应急预案启动步骤；

——制定应急管理组织和必要的物资准备；

——应急准备和响应演练与评价。

⑥ 应急响应

——事故发生时，发现人员应按应急预案迅速上报，企业对事故要启动应急响应。应急领导小组要在第一时间进行反应；

——事故发生时，企业在确保人身安全的同时，要组织力量进行补救，防止事态扩大；

——企业各相关部门在统一指挥下参与补救工作或信用修复；

——事故发生后及时报告，查清原因，起到惩戒警示的效应，记录有关证据。

⑦ 培训和演练

——调味品生产企业应对岗位操作人员及相关人员按照《应急预案》的内容进行培训；

——应急预案的演练由诚信管理部门按规定组织实施，对演练的效果做出评价和总结，并保留有关记录。必要时对应急预案进行重新评审、修订。

4. 验证失信应急预案和相应措施

诚信管理部门负责对紧急情况发生后所采取的纠正措施进行验证，并完善有关程序和管理文件。

5. 责任追究制度

调味品生产企业应建立责任追究制度，防止失信的可能在显现前有发现但得不到及时上报，不能有效启动应急准备。较常见的失信表现有食品安全失信事故、生产安全事故、自然灾害安全事故和环境污染事故等影响到人们生命财产损失的安全事故，以及这些事故直接导致的履约失信、瞒报隐报责任事故。这些事故直接影响到组织的诚信信誉、永续发展战略和组织领导人的责任。在调味品产品生产及服务过程中，重大失信风险关键控制点要有畅通的沟通机制，建立预警系统，为失信决策和媒体的真实报道提供重要依据。

第五节　检查和改进

一、监测和测量

【标准条款】

4.5　检查和改进

4.5.1　监测和测量

食品工业企业应建立、实施并保持一个或多个程序，对可能具有失信影响的关键特性进行监测和测量。程序中应规定监测诚信绩效、适用的运行控制、目标和指标符合情况的信息。

监测和测量的内容应包括但不限于：

a）合规情况；

b）过程控制；

c）产品质量；

d）履约情况；

e）财务状况；

f）企业形象。

食品工业企业应确保所用的监测和测量设备经过检定或校准，并予以妥善维护，且应保持相关的记录。

用于交易的数据，应在顾客的视野内或得到有效交流。

【条款目的】

对可能具有失信影响的关键特性进行监测和测量，确保所用的监测和测量设备经过检定或校准，保证诚信管理体系运行有效，失信受控。

【理解要点】

1. 监测和测量的定义

监测：遵照有关规定所进行的检查。

测量：以确定量值为目的的一组操作。

2. 监测和测量的内容

监测的是企业的履约情况、公信力、企业形象、合规情况等；测量的是产品质量、贸易结算和产品检验计量器具准确度等。

根据诚信因素的特性，监测的是人的素质、组织素养、操作规范性、言行一致性、社区诚信环境、设备管理状况，测量的是人员能力和基础设施的保障能力。

针对诚信管理体系建立的监测和测量控制程序包括诚信绩效控制、目标指标和运行控制。

3. 监测和测量的作用

对体系进行例行的监测和测量是实施有效运行控制的首要环节。

监测和测量是监督各项活动，保证它们按计划进行并纠正各种重要偏差的过程，是组织诚信管理体系中的重要环节，是 PDCA 的 C 过程。

“如果你不能度量它，你就不能管理它”，无论是活动过程监测和测量、合规性评价还是内部核查都是组织实施管理体系的检查控制过程。只有对产品质量、服务质量、环境绩效、安全评价、社会责任、遵纪守法、个人信用、部门信用、社会评议等内容有计划有步骤地进行检查，才能有效地实现纠正错误、改进绩效、保存证据，从而实现追溯的控制，可见诚信绩效的范围要广于其他体系。

4. 监测和测量的分类

（1）根据检查控制形式划分为：直接监测和测量、内部核查和外部评价；

（2）根据检查活动的对象划分为：产品检验、计量器具检定和校准、服务规范性检查、体系有效性检查、目标检查、顾客满意度监测、诚信指标监测、合规性评价等；

（3）根据检查信息来源划分为：现场监测和社会征信评价；

（4）按监测和测量的时机划分为：例行检查和非例行检查；

（5）按检查内容覆盖面划分为：专项检查和全面检查。

5. 监测的要求

要明确部门、负责人、方法、频次、标准、记录、人员要求和结果处置等。

6. 监测和测量装置的维护

监测和测量装置按要求进行维护、校准和验证与使用，用于交易的数据，应显示在顾客的视野内。有争议的质量指标计量器具、测量器具要确保准确。如，一个诚信的人在不知情的情况下使用一杆伪劣的秤做买卖，也会得到顾客的指责，造成过失性失信。

7. 检查结果的处理

有效的监督检查控制要遵循一定的原则，按照一定的步骤进行，控制的基本程序包括确定检查项及检查标准、衡量实际业绩和采取纠偏行动三个步骤。采取纠偏行动，执行 QB/T 4111—2010 中 4.5.2 条款的要求。

【实施建议】

1. 建立、实施和保持监测和测量程序

建立、实施并保持一个或多个程序对诚信绩效和重大失信影响的运行关键特性进行监测和测量。程序的数量可以因组织的规模、产品、活动的复杂程度而设置。

2. 在控制程序中规定监测的信息

（1）适用的诚信运行控制的定性和定量的测量信息；

（2）诚信目标/指标的实现程度；

（3）组织的诚信表现和诚信绩效。

诚信的绩效测量又分为主动测量和被动测量。

——主动的绩效测量

监测诚信管理方案、运行标准和适用的法律、法规要求的执行情况。

——被动的绩效测量、监测

质量事故、安全事故、污染事故、失信事件（包括未遂过失）和其他不良的影响诚信绩效的历史证据。

3. 监测和测量的内容和方法

（1）进行定期例行监测和测量：

——检验准则，应符合相关法律法规、政策和标准的要求。

——调味品加工厂应配备与质量检验项目相适应的检验设备。

——原料收购、运输和检测记录保存完好。应当对出厂的调味品逐批检验，留取样品。

——检验报告保留完整，留取样品保存期至该样品货架期结束。

（2）对使用检定/维护/保管监测设备不定期监测和测量；

对这类设备进行校准和维护，并将校准和维护活动及结果予以记录保存。用于交易的监测数据应该显示在顾客或相关方的视野内，确保公平交易。

（3）对记录/保管记录监测和测量。

（4）按标准进行评价监测和测量。

（5）对报告的监测结果和发现的问题进行监测和测量。

4. 适时评价诚信绩效

调味品生产企业对于诚信管理体系建立前后应有一个客观评价，评价诚信管理体系给企业带来的经济、文化、意识等长期、短期的变化。

5. 诚信监测的控制方法

诚信监测的控制方法有：人员行为控制、经济分析、报告与视察、审计法、时间网络分析、市场控制、目标管理和价值工程等方法。

二、不符合识别、纠正、预防及信用修复

【标准条款】

> **4.5.2　不符合识别、纠正、预防及信用修复**
>
> 为识别不符合（包括体系、产品、行为等），食品工业企业应对体系运行监督检查，建立、实施并保持不符合识别、改进及信用修复的程序，对不符合采取纠正措施和（或）预防措施。程序应满足：
>
> a）识别和纠正不符合，并采取措施减少失信所造成的影响；
>
> b）对不符合进行调查，确定产生原因，并采取措施避免再发生；
>
> c）措施的适宜性、有效性；
>
> d）对诚信影响程度的评价；
>
> e）信用修复所采取的措施应与失信事件性质和产生影响的严重程度相符。
>
> 食品工业企业应保持相关的记录。

【条款目的】

本条款要求企业识别不符合，分析评价不符合造成的影响并及时修复。

【理解要点】

1. 不符合的概念

不符合（nonconformity）——未满足要求（包括失信和管理缺陷等）。

2. 不符合的范围和性质

（1）不符合范围

在诚信管理体系中未满足相关方的（包括内部和外部）正当要求的失信行为均应视为不符合。

（2）不符合的性质和分类

按不符合性质及造成的后果分类，不符合分为一般不符合、严重不符合。

① 严重不符合包括以下几种情况：

a）对内造成管理混乱，产品质量失控，设计产品有明显缺陷，或称管理失信。

b）对外表现严重失信，产生恶劣影响。在经营活动中存在失信的主观倾向，包括诈骗投机，严重违反法律法规的行为，例如违反《合同法》、《消费者权益保护法》和《产品质量法》等；无主观意识，客观地造成了违约事实而不采取补救措施的不符合也构成了严重不符合，严重不符合又称严重失信事故。

造成严重不符合的企业，对内要实施整顿，对外要负有责任，严重失信的行为会使企业为此付出代价，失信带来的影响很难在短时期内得以消除，有时往往会因一时的利益，葬送一个企业的命运，甚至影响国家的声誉。

② 一般不符合：对外非主观的违约行为，未造成严重失信影响，原因是对内协调管理存

在缺陷，但企业能够实现自我发现，具有自我完善机制。

3. 不符合的处理

出现不符合时，企业应该主动承担相关责任，并积极采取相应措施，实施诚信补救，消除影响，将失信影响降至最低，同时强化管理，预防再次发生类似事件。对于造成外部失信影响的企业，还应通过参与公益事业和社会活动，承担社会责任，重树诚信形象。

常用的几个过程方法有：纠正措施、预防措施。

（1）纠正、纠正措施

① 纠正，是针对不合格对象（管理、违约、服务、产品、过程或体系）的不合格事实本身所采取的措施，通过该措施的实施可达到对该不合格的纠正，但该类不合格今后还有再发生的可能。比如夸大其词的广告宣传，只要对其停止宣传，重新审稿，客观宣传，就是对不诚信宣传的纠正，但这不能保障企业不会再次进行夸大宣传。

纠正要求企业对不符合能够快速反应，迅速予以纠正，尽快减少失信影响。

② 纠正措施：为防止重复发生而采取的消除导致现有不合格或其他不利状态的根本原因的措施，是一种反应的方式。其实施过程如图 3 – 11 所示。

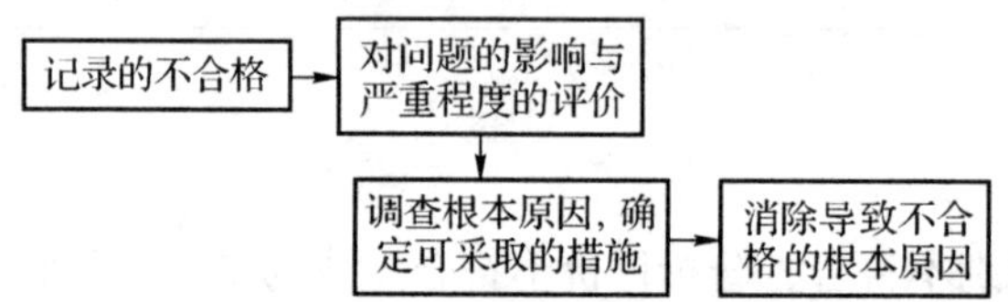

图 3 – 11　纠正措施的实施过程

③ 纠正措施的制定

企业应编制制定纠正措施的程序文件，通过分析识别，找出产生不符合的原因，针对原因采取措施，防止其再发生。纠正措施的实施应采取以下步骤：

a）评审不符合，包括企业对内部的和相关方造成的不符合，特别应注意由于失信所引发的投诉、顾客抱怨和法律追究。

b）通过调查分析确定产生不符合的原因。

c）评价确保不合格不再发生的措施的需求。当质量过剩时，虽然顾客不会反对，但企业的经营活动会受到制约，产品成本会加大，会影响企业的永续发展。当产生的违约影响较小，通过分析判定原因简单，易于纠正和预防时，企业应注意客观的做沟通工作，通过有效途径解决问题，消除影响。应加强与当事方沟通，以达到消除影响的效果，建立信任关系，关注措施结果和绩效。诚信品牌的树立，是要产生成本的。

d）确定并实施所需要的纠正措施。

e）跟踪并记录纠正措施的结果。

f）评审所采取纠正措施的有效性。

g）当企业针对不符合的原因进行整改后，企业的管理文件中如果存在不再适应的内容时，企业应确保对诚信管理体系文件进行必要的更改。

④ 体系运行中及监测测量时发现的不符合都要作为纠正措施的输入予以控制，如图 3 – 12 所示。

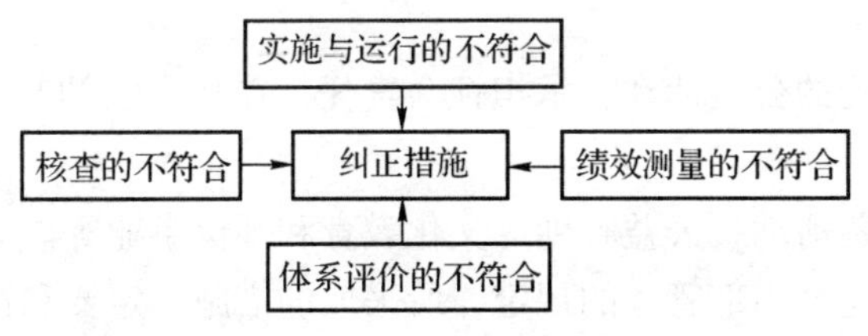

图 3－12　纠正措施的输入

(2) 预防措施

识别、评价预防不符合的机会，制定预防措施，实施预防措施，评价预防措施的有效性。失信预防是预防措施中的关键，一旦存在失信风险，企业就应进行失信风险评价，制定预防措施，保持企业诚信因素的正常，防止失信事件发生。企业内部的不符合也要以预防为中心，实施有效控制。

① 与纠正措施不同，预防措施是针对消除潜在不符合的原因所采取的措施，这时尚不存在不符合，但有不合格发生的趋势，是在事故发生之前降低发生的风险，是一种主动式的方式。其过程如图 3－13 所示。

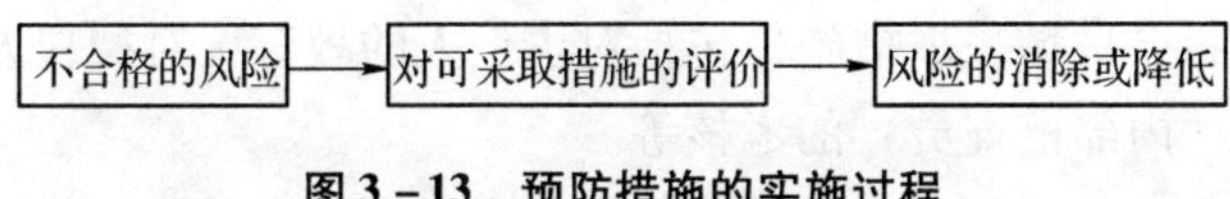

图 3－13　预防措施的实施过程

② 预防措施的制定也要考虑潜在问题对组织的影响程度，并处理好风险、利益和成本之间的关系。

③ 组织应编制预防措施的控制程序文件，针对体系中存在的潜在不合格，采取适当的措施，以防止不合格的发生。预防措施的实施应采取以下步骤：

a）确定潜在的不合格并分析其原因，当出现失信趋势时，可考虑采取预防措施；

b）确定防止不合格发生的预防措施的需求，可从该潜在不合格对组织的影响程度考虑；

c）确定并实施所需的预防措施；

d）跟踪并记录所采取的预防措施的效果；

e）评价预防措施的有效性。

(3) 信用修复

针对造成违约事实，产生失信影响的事件，为消除影响，组织一定要在采取纠正、纠正措施后，再采取补救措施进行恢复信誉的一系列工作即为信用修复。补救措施针对的是失信影响，致力恢复信誉；纠正措施针对的是失信原因。

① 设立协调部门

组织内部要设立以诚信负责人为领导的诚信体系管理部门，协调处理有关体系的运行问题，当有失信事件时，该组织要做好善后处理工作。

② 修复信用记录

在相关方或社会上造成不良信用记录时，组织要努力满足修复要求，尽可能地修复信用记录，消除不良记录对将来带来的不利影响。

③ 重树组织形象

组织可以通过一系列的公益活动，承担社会责任，在相当长的时间内淡化失信影响，重树组织诚信良好形象。

这些活动可以是慈善活动、公益救助、文化教育和环保事业等。

无论是失信还是不符合内部管理的规定，所采取的措施一定要和造成的影响相一致。

在处理问题时，涉及诚信手册、程序及规章制度不适用或需要调整时，要求文件主管部门及时调整，并通知到各个适用岗位。

4. 保持诚信档案，记录采取措施和采取措施的结果

对造成内部不合格或是外部违约的事件，在组织内部都要形成相关档案，记录有关事宜，为今后的改进工作提供信息。

【实施建议】

（1）编制调味品生产企业不符合识别、改进及信用修复补救措施和纠正措施、预防措施的有关程序文件。

（2）对调味品生产企业存在的失信风险进行评价，确定不符合性质。

（3）对发生的不符合区域采取措施，包括对责任人的教育、对授权人的任命、对监督检查的内部诚信管理员（内部核查员）的考核等。

（4）结合内部核查、体系评价和日常监督情况，对不符合进行评审，以确定诚信管理体系的适宜性、充分性和有效性。

（5）保持对不符合采取措施的有关记录。

（6）评价预防措施、补救措施和纠正措施的效果。

（7）通过第三方评价审核，确保诚信保障能力的实现。

三、内部核查

【标准条款】

4.5.3　内部核查

食品工业企业应建立、实施和保持内部核查程序，确保对诚信管理体系进行内部核查，以满足诚信管理体系的有效与更新。

食品工业企业应明确内部核查员与职责，确定核查准则、要求、范围、频次和方法。

核查结果应向最高管理者报告。

食品工业企业应保持内部核查策划、结果、报告等相关记录。

【条款目的】

通过开展内部核查，检查企业建立、实施和运行诚信管理体系的符合性、充分性和有效性。

【理解要点】

1. 内部核查

内部核查主要指内部诚信管理体系核查，由组织自己或以组织的名义进行的核查，可作为自我声明的基础，内部核查机制是自我发现、自我完善的机制。

2. 内部核查的策划内容

（1）在适当的时间间隔内进行；

（2）根据标准，采用策划的方法；

（3）由内部核查人员执行；

（4）无偏见核查；

（5）准确、全面地报告；

（6）以往的核查结果，后续的改进；

（7）体系运行中失信风险关键控制点的重要性。

3. 内部核查的4个步骤

策划→准备→实施→报告。

（1）策划

遵循PDCA的循环原则，建立诚信管理体系内部核查控制程序，制定内部核查方案。核查方案是指针对特定时间段所策划并具有特定目的（一次或多次）的核查。组织应制定内部核查的方案，通常每年至少进行一次完整的内部核查。内部核查可集中在一段时间内进行也可滚动进行。一般在体系建立运行初期核查次数应多些。当诚信管理体系有重大变化或发生重大不合格时，要增加频次。

核查方案的策划应根据组织中拟核查的过程和区域的状况和重要性及以往核查结果，安排核查的频次、时间、进度和核查的范围。如果拟核查的过程复杂、区域面积广、重要程度高、对诚信管理体系的有效性和符合性影响大，则应加大对这些区域和活动的核查力度或增加核查频次，或延长核查时间，确保在通过内部核查后，可以提高诚信管理体系的有效性和符合性。

组织应制定内部核查形成文件的程序，并规定如下内容：对核查方案进行策划，并规定核查的准则、范围（涉及的产品、部门、活动的区域）、频次、目的和方法等。

（2）核查前应做好准备

包括组成核查组、制定检查表、记录核查结果；对核查中发现的不合格应形成书面报告，并提交受核查区域的管理者，以确保采取纠正措施。

（3）核查过程及报告

在核查组长的带领下，在诚信负责人的协调作用下，核查过程按策划的程序进行，适时进行核查沟通，准确、客观地记录核查发现，形成内部核查报告。内部核查报告内容能客观反映诚信管理体系的符合性、充分性和有效性。

（4）纠正措施的实施和验证过程

相关的责任人应针对不合格项及时进行原因分析，本着举一反三的原则采取相应的纠正措施，避免类似问题的重复发生。内部核查人员应对采取的纠正措施进行跟踪验证，确保跟踪措施的有效实施。

4. 内部核查的现场核查方式

（1）观察法

查：对方出示的活动的证据（记录、文件、报告等）。

观：现场人员操作的情况和诚信意识。

问：向被审查对象提问。

（2）自上而下和自下而上的核查方式

自上而下核查：如图 3－14 所示。职能部门→实施部门→工作岗位。反过来，就是自下而上的核查过程。

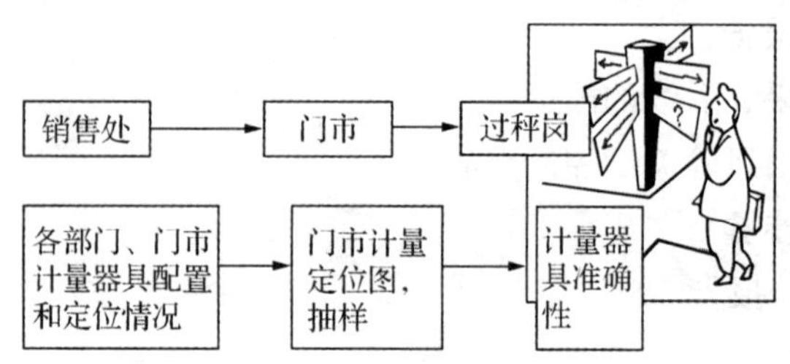

图 3－14　自上而下审核

（3）正向核查和逆向核查

正向核查：按条款的策划（文件要求）→诚信因素识别→实施控制→检验→证据记录；

逆向核查：现场发现→考核监测→实施→策划（文件或辨识情况）。

（4）以失信风险因素为主线的核查方式，核查内容有：

a）重大的失信风险是诚信管理体系的控制重点，以失信风险因素为主线的控制方式能有效发挥诚信管理体系的作用。

b）重大失信因素是否已识别评价出来，识别评价过程如何。

c）重大失信因素是否全面进行了控制策划。

d）目标指标。

e）核查方案是否适用。

f）管理职责是否落实；人员是否经过培训教育并具备相关能力。

g）有关运行是否实现文件化；文件下发和有关运行作业记录情况如何。

h）日常监控情况的证据；相关方的诚信评价记录，顾客的意见等。

i）内部核查提出的整改意见。

（5）按部门和按要素核查

① 按部门核查

优点：路线简单，内部诚信管理员（内部核查员）少跑路，受核查部门负担轻，核查效率高，对内部核查员要求较高。

缺点：容易遗漏某些要素，目标不够集中。

② 按要素核查

优点：目标集中，更易体现与体系标准或文件的符合性。

缺点：效率较低，因此路线安排要合理。

5. 抽样的合理性

要做到合理地进行抽样，需要满足以下条件：

（1）要做到随机抽样；

（2）抽样要有一定的数量；

（3）要分层抽样；

（4）要合理策划，分布均匀；

（5）要做到亲自抽样。

6. 不符合控制

不符合即“没有满足某个规定的要求”，这里的规定可以理解为核查准则。

（1）严重不符合

——体系运行出现系统性失效，某一要素、某一过程重复出现的失效现象，未能采取有效的纠正措施加以消除；

——区域性失效，如某一部门、要素的全面失效现象；

——造成严重的工伤事故、投诉、违约和重大质量失信事故。

（2）一般不符合

——对满足 CMS 要素或体系文件的要求而言，是个别的、偶然的、孤立的、性质轻微的问题；

——对保证所审区域的体系有效性而言，是个次要问题。

一般不符合要按常规加强管理措施，进行控制，严重不符合要重点控制，还要监测改正效果，不符合均执行 QB/T 4111—2010 条款 4.5.2 的要求。

【实施建议】

（1）编制调味品生产企业诚信管理体系内部核查控制程序，包括策划方案过程、职责、时间间隔、过程要求、结论判定、内部征信途径及整改等。

（2）由诚信负责人负责召集相关人员，组成内部核查小组，确定组长，对内部核查进行计划安排。

（3）按计划进行核查。

（4）沟通核查组意见，客观、准确地反映各部门、各条款执行的情况，落实核查中不符合的改进。

（5）预防为主，形成内部核查报告，提交最高管理者和体系评价会议。

（6）核查人员不能核查自己的工作，确保诚信管理体系内部核查公平客观。

（7）诚信管理体系内部核查文件记录的整理和归档。

（8）诚信管理体系内部核查中的诚信绩效评价。通过内部核查和内部征信对各部门、各岗位的诚信绩效做出评价。

第六节　评价与声明

一、合规性评价

【标准条款】

> **4.6　评价与声明**
>
> **4.6.1　合规性评价**
>
> 为了履行遵守法定要求和其他要求的承诺，食品工业企业应建立、实施并保持程序，以定期评价食品工业企业和员工对适用法律法规的遵守情况，并注意最新法规、政府规定政策的时效性。
>
> 食品工业企业应保持相关的记录。

【条款目的】

为了确保食品工业企业和员工履行遵守法律法规要求和其他要求的承诺，避免承诺失信，定期评价遵守承诺情况，也为声明合规做好准备。

【理解要点】

1. 合规性评价的要求

建立合规性评价程序，按照策划的时间安排，定期评价企业和员工的遵纪守法的情况和效果。不同的行业和地区，法律法规及要求各不相同，应该从实际适用角度识别法律法规的诚信因素，在理解标准的基础上建立合规性评价程序。

合规性评价对合规风险管理水平作出评估，对违规经营、违规操作造成风险和损失的各种责任人员进行严格的问责追究，对合规风险管理能力弱且改善不力的，要采取必要的处理措施。

2. 合规性评价的记录

应保持合规性评价的记录。

3. 合规性评价的应用

合规性评价的结果是体系评价的输入资料，可作为企业自我改进和自我声明的依据。

4. 其他要求

企业的其他要求的符合性评价可以和合规性评价一起进行，作为评价的内容进行，也可以单独建立程序，进行符合性评价。

【实施建议】

1. 编制程序文件

编制调味品生产企业合规性评价和其他标准要求符合性评价的程序文件，在文件中要分清职责，阐明目的，引起组织的重视，切实把诚信管理体系要求的合规性评价和其他要求落实好。

2. 定期评价

对于组织活动的合规性评价要定期开展。作为日常工作中的一项任务要有序开展，只有有效地开展合规性评价，才能把违规操作尽早暴露，尽早预防，尽早处理，避免失信隐患和经济损失。

3. 评价的实施

（1）合规性评价收集国家、行业、地方法律法规及相关标准是否及时和齐全；

（2）在新的法律法规或行业、产品、服务要求出现时，组织是否对此进行及时更新；

（3）是否将现有国家、行业、地方的法律法规及标准的要求转化为企业的相关标准或文件的要求；

（4）是否严格按照相关文件执行。

4. 评价的控制

认真做好排查分析评价工作，梳理排查、剖析原因。只有排查分析，才能发现违规问题、揭示存在风险、找到薄弱环节、洞察可疑动向，要按照"突出重点、标本兼治"的总体原则，以全面风险排查为基础，以操作风险和员工行为规范情况排查为重点，以充分揭示机制落后、制度缺失、执行偏差、监督缺位、行为失范为主线，摸清风险底数，透析问题成因，研究改进对策，强化合规措施。对照法律法规，评价合规建设的问题；按照内控及合规相关规定，评价内部规章制度的缺陷；对照业务流程要求，评价操作行为的漏洞；对照员工从业规范行为，评价个人行为的失范。排查分析要把握重点，突破难点，盯住疑点，为内控建设打基础，为合规建设立方向。

5. 编写评价报告和其他归档记录

合规性评价必须真实、客观。

合规性评价报告，其内容大致有以下几方面：

（1）概述。简要介绍一定时期内与本组织重要诚信因素管控相关的法规、标准、相关方要求的变化情况。

（2）上一时期，内、外审与诚信管理相关的违规纠错情况。

（3）可以从以下几方面重点考虑评价内容：

① 重要诚信因素管控的合规性评价

重要诚信因素管控一般通过诚信管理方案、证实性运行记录、监测报告以及相关方证言的形式来反映，参加评价的人员通过对照适用的法规、标准、相关方要求做出如下评价：重大诚信因素管控措施是否适宜？重大诚信因素管控执行结果是否有效？

② 运行过程相关诚信因素管控合规性评价

一般情形，运行过程相关诚信因素管控的合规性评价采用对作业执行情况及作业证实性记录进行说明。有国家标准、行业标准的作业指导书，要依据国家或行业要求进行编制，没有的，组织要根据实际情况和参考国家或行业类似的标准制定相关作业指导书，一经制定就是员工应该遵守的企业法规，组织要定期评价员工遵守情况，发现不适宜的地方，要随时评审和修订。

③ 产品相关诚信因素管控的合规性评价

当产品涉及环境、安全因素管控的质量要求时，必须对其合规性进行评价。

④ 交付、服务过程诚信因素管控的合规性评价

此条涉及服务过程，不仅要求服务过程要符合相关的服务质量（如《消费者权益保护法》等），而且还包括产品安全方面的法规、标准、相关方要求执行情况。当产品涉及使用化学品或是由若干化学品构成的商品，特别是出口商品时，按照一般的交易惯例，应当依照相关的法规、标准、相关方要求，提供安全标签、MSDS（或产品的 BOM）、使用说明书等，有危害人体健康的添加剂或不明原因的有害物质，要规定最大量限值，比如奶粉中的三聚氰胺限量。

（4）形成评价结论，并保留记录作为体系评价的输入。

6. 认真落实评价整改工作

要通过定期的合规风险监测分析和内部检查，对合规风险进行评价，对内控执行情况进行评估，并进行整改。诚信监管部门要对以往或潜在的合规性、风险性问题的整改及后续执行等情况，予以督促与跟进，并对监管意见的贯彻落实作出评价。

7. 进行科学奖惩

要建立完善的合规绩效考核、合规问责、失信举报三项制度。通过合理的绩效考核制度设计，大力倡导诚信合规、惩处败德违规，充分体现组织对合规价值的重视和鼓励。通过完善有效的合规问责制度，严格对违规行为的责任认定与追究，加大对违规行为的处罚力度；通过失信举报制度，规范信访举报工作程序，鼓励员工举报违法、违反职业操守或可疑的行为。对杜绝和抵制违法违纪违规行为的工作人员，组织有必要建立《员工防范案件风险行为奖励办法》，给予奖励。

8. 合规性评价推荐表

法律法规标准识别评价表如表 3－5 所示。

表 3－5　法律法规标准（含制度）识别评价表

公司（单位）：　　　　　　　　执行部门：

序号	法规名称	文号	实施时间	落实情况（标明具体名称）			合规性评价结果	
				宣贯	制度	工艺	符合	不符合

二、体系评价

【标准条款】

> **4.6.2　体系评价**
>
> 食品工业企业应保持对诚信管理体系的评价，以确保其持续适宜性、充分性和有效性。
>
> 体系评价的输入应包括：
>
> a）内部核查和符合性评价的结果；
>
> b）与外部相关方的信息交流，包括顾客抱怨，信贷信用，政府、行业协会和社会监督；
>
> c）食品工业企业的诚信绩效；
>
> d）信用修复及其他改进措施的状况；
>
> e）上一次体系评价的改进措施。
>
> 食品工业企业应保持相关的记录。

【条款目的】

体系评价的目的是通过按策划的时间间隔对诚信管理体系进行系统的评价，提出并确定各种改进的机会和变更的需要，确保诚信管理体系持续的适宜性、充分性和有效性。

【理解要点】

1. 评价内容

体系评价的对象是组织的诚信管理体系，就诚信方针、目标和指标，以及诚信管理体系的现状和适应性所进行的企业自我评价。包括：

——内部核查和符合性评价的结果；

——与外部相关方的信息交流，如顾客抱怨，信贷信用，政府、行业协会和社会监督等信息；

——食品工业企业的诚信绩效；

——信用修复及其他改进措施的状况；

——上一次体系评价的改进措施。

2. 对企业开展体系评价的要求

（1）确保诚信管理体系持续的适宜性。

企业所处的外部环境是不断变化的，包括：

——诚信意识或诚信管理体系的变化；

——相关方的要求或期望的变化；

——市场情况的变化（竞争者的诚信品牌影响）；

——先进统计技术的出现；

——法律法规或产品标准的变化等。

另一方面，企业的内部环境也可能处于不断变化之中，包括：

——主要管理人员的变动（如总经理、诚信负责人、销售人员的变动）；

——组织机构及职责的变化；

——规模的变化（如人员增加）；

——产品的变化（包括服务）；

——组织运行机制的变化（如国有企业改制为股份制上市公司等）；

——新技术或新工艺的采用；

——营业网点的变化等。

（2）确保诚信管理体系持续的充分性

充分性的含义是指：为打造诚信品牌，符合法规、相关方要求及组织的业绩期望等，诚信管理体系的固有特性应足够，如控制措施足够，资源条件足够，特别是当条件发生变化时，必须及时补充所需的控制措施和资源等，预防违约失信、欠账失信、漏税失信、职工承诺失信等。另一个原因是在建立诚信管理体系时，可能考虑不全面，有遗漏环节，均可造成诚信管理体系的不充分。

（3）确保诚信管理体系持续的有效性

有效性是指完成所策划的活动并达到所策划的结果的程度的度量。诚信管理体系的有效性是组织实现所设定的诚信方针、诚信战略、诚信目标和职责的程度的度量。

为判定企业诚信管理体系的有效性，应将以下方面的信息与企业设定的诚信方针、诚信目标和职责进行对比：

——相关方的反馈，包括顾客、供方满意程度的测量结果、顾客抱怨等。

——过程的业绩，即过程实现增值或间接增值从而达到预期结果的程度。

如：通过对员工诚信意识的培养和提高，使顾客对员工服务态度的满意程度提高，从而提高以竞争力和诚信品牌为核心的综合实力。

——产品符合性，包括对产品质量的承诺目标和要求的符合性。

——核查结果，包括内部核查和外审发现的产品、服务、过程和体系的不合格。

3. 评价“三性”要有充分可靠的数据和资料

诚信负责人应事先认真准备，届时向评审组做正式报告。对“三性”评价的结果，可能导致体系变更和方针目标的变更或战略转移，这是重大问题，应在体系评价过程中进行分析和确定。报告体系绩效者，也应提出变更和改进需要，并得以评价和确定。

4. 评价企业的诚信管理体系改进的机会及变更的需要

在为确定诚信管理体系是否达到组织规定的目标的适宜性、充分性和有效性评价的过程中，组织将会发现各种改进（包括产品、过程和体系）的机会和由于改进及其他原因而导致的对诚信管理体系可能的变更需求。

（1）由于内外部环境变更，可能会发现体系的不适宜；

（2）由于持续改进的需要、过程未识别或已识别过程的未充分展开而发现原诚信管理体系或某些过程的不充分，或通过与同行的水平对比进而发现组织现存体系中的不充分情况；

（3）由于诚信方针和诚信目标未能实现而未达到诚信管理体系的有效性（当然也可能是由于该方针和目标的不切实际所造成的，这时应对诚信方针和诚信目标进行变更）；

（4）诚信战略的变化导致的体系的调整与变更。

5. 评价输入

为体系评价提供充分和准确的信息，是体系评价有效实施的前提条件，包括：

（1）合规性评价的结果；

（2）内部核查、外部审核、自我评价和社会征信评价（公信力）的结果；

（3）与外部相关方信息交流分析结果，包括顾客抱怨，信贷信用，政府、行业协会和社会监督；

（4）食品工业企业的诚信绩效；

（5）信用修复及其他改进措施的状况；

（6）上一次体系评价的改进措施；

（7）新的失信风险隐患或可控关键点；

（8）可能影响诚信管理体系的各种变更（包括内、外部环境的变化而引起的体系的变更）；

（9）资源需求的提出。

6. 体系评价报告

评价的输出是体系评价活动的结果，是最高管理层对企业的诚信管理体系乃至经营宗旨作出战略性决策的重要基础。

诚信管理体系的出发点是以诚信为本，预防为主，所以报告不仅要包括对企业诚信管理体系的适宜性、充分性和有效性的总体评价结论，还要包括：

（1）以预防为主的诚信管理体系变更、改进的决定和措施；

（2）失信风险的有效控制措施和决定；

（3）资源需求的决定和措施。

7. 体系评价记录

企业应对以上体系评价的输入和输出结果予以记录，并按诚信记录控制程序的要求加以控制。

【实施建议】

1. 策划

体系评价一般在全面的内部核查结束后进行。

调味品生产企业应在诚信管理文件中详细表述体系评价的目的、职责和程序，规定体系评价的频次、输入要求、输出要求。时间间隔一般不超过 1 年，当有突发事件或失信事件发生频次增加时，或最高管理者认为有必要时。

2. 准备

（1）确定体系评价的时间计划和要求，由各部门负责人、诚信负责人和最高管理层人员分别准备评价要求内容。

（2）形式以体系评价会议为主。

3. 实施

（1）最高管理者负责主持召开体系评价。

（2）输入：诚信负责人就诚信管理体系的运行情况、适宜性、充分性和有效性进行说明，体系评价的目的、依据和体系改进建议包括资源需求，要在评价会议上提出。

各部门负责人就本部门的体系运行状况、失信控制方面存在的问题和改进建议进行报告。

以往的评价决议措施跟踪和社会评价建议落实情况的报告。

（3）输出：诚信管理体系及运行中存在问题的解决决定、责任落实的部门和人员、解决的时间要求和效果要求、评价报告等。

4. 后续工作

（1）体系评价报告由诚信负责人编制，由最高管理者进行审批，并下发到相关部门，遵照执行。

（2）要有会议记录。

（3）要有评价会议决定的落实情况的跟踪说明。

三、征信评价

【标准条款】

4.6.3 征信评价

食品工业企业应收集内部和外部诚信信息，以验证企业诚信管理体系的有效性，并持续改进。适宜时，实施第三方评价。

【条款目的】

征信的目的是搜集食品工业企业在社会上和内部的诚信信息，以验证食品工业企业诚信管理体系的有效性。食品工业企业需收集这些信息，并加以分析整理，找出组织持续改进的方向。

【理解要点】

1. 征信信息来源

食品工业企业除了向主管部门和直接客户及内部员工，还可以向以下（但不限于）职能的监管或相关部门适时征信：

a）农业；b）工信；c）商务；d）卫生；e）质检；f）工商；g）食药监；h）劳动保障；i）环保；j）安监；k）税务；l）审计；m）银行；n）司法；o）行业组织。

2. 征信的结果

第三方的征信可以在公共媒体上征集和公示，食品工业企业自行组织的征信结果可以提供到体系评价和自我声明中，可以通过各种媒介进行宣传。员工对征信结果有知情权。

【实施建议】

（1）征信方式

征信的方式多种多样，可以是委托征信、自我征信和第三方征信。

调味品生产企业在运行诚信管理体系时，可自行向内部和顾客、供方、相关方征求意见，了解他们对调味品生产企业诚信管理和诚信形象的评价信息；在调味品生产企业申请诚信管理体系评价时，评价审核机构也要进行社会征信工作。

（2）调味品生产企业自行征集并应能清楚掌握的有关诚信信息至少应包括：

——企业工商登记信息；

——税务登记信息；

——组织机构代码登记信息；

——调味品生产许可证信息；

——生产经营状态信息；

——进出口信息；

——财务信息；

——调味品的掺杂使假、假冒等违法行为信息；

——政府周期性检查检测结果与查处信息；

——获得体系认证证书信息；

——节约能源工作信息；

——健康证登记信息；

——环境贡献信息；

——调味品质量市场反应基本信息；

——产品售后服务信息；

——银行信誉信息；

——供应商及主要顾客诚信度评价或体系建设信息；

——对内部的承诺；

——内部制度、规定、规范执行信息；

——诚信目标完成信息等。

（3）对征信结果进行分析评价，寻求新的改进机会。

四、声明

【标准条款】

4.6.4　声明

食品工业企业可对诚信管理体系有关评价结果进行声明。

【条款目的】

使用自我声明和第三方评价声明是国际上采用的惯例，向社会说明企业产品、承诺以及企业诚信管理体系评价结果，展示企业诚信形象。

【理解要点】

食品工业企业建立的诚信管理体系，经过内部核查、合规评价、体系评价或通过了第三方所做的体系评价、诚信度级别评价后，按照有关规定可在相关媒体、产品说明和采用其他方式进行声明及客观宣传。

【实施建议】

定期或不定期采用各种形式在媒体上进行声明及客观宣传。

第四章　诚信管理体系的建立与实施

第一节　诚信管理体系的特点与要素之间的逻辑关系

一、诚信管理体系的特点

1. 广泛适用性

QB/T 4111—2010《食品工业企业诚信管理体系（CMS）建立及实施要求》标准的框架式结构符合我国现状，给我国食品行业进行建立和完善自己的诚信管理制度提供了依据。

本管理体系的科学性，适用于食品工业企业，也适用于食品添加剂、原辅料及包材生产企业，还适用于烟草、药品制造及食品检测机构，同时为政府和行业监管部门提供了推动诚信体系建设的有力工具。

2. 较强操作性

有 ISO 9001、GMP、HACCP 等标准实施的经验和基础，诚信管理体系的实施和运行很方便，各类食品工业企业引进诚信管理体系并不会增加多大难度，相反，预防为主的先进管理模式能促进组织的规范化建设。

3. 明显增值性

诚信管理体系是一个客观规律的体现，形成了体系通用要素要求，体系的增值效益和社会效益是长远的。

4. 严格保密性

本体系的建立，注重的是体系建设，不关注涉及机密的具体的数据和信息。在监督检查过程中，涉及保密性的地方，有关机构和人员会做保密处理。

5. 与其他管理体系的兼容性

诚信管理体系是一切管理体系的基础，没有诚信的体系是没有意义的，所以任何管理体系与之都不矛盾，只是关注点不同，诚信管理体系与其他管理体系有很好的兼容性，是在其他管理体系基础上的新发展，优势更加突出。

6. 战略系统性

诚信管理体系的研究是在西方一百多年信用管理的基础上进行的，吸纳了成型的体系理论和管理原则，从组织诚信意识培养、针对失信风险的内部制度建设、经营活动流程优化、关键岗位人员诚信有效性控制到社会诚信监督评议等过程的控制，采用过程方法，对一个企业或其他形式的组织、一个城市或社区，乃至一个行业或国家，进行诚信管理体系规划，避免重复建设，具有系统的战略意义。

7. 具有预防性

没有体系约束的管理是一种事后处理的监管模式，其出现问题的几率大，而且性质亦往往更严重，管理成本也高，这有它的必然因素；建立了体系的约束就是一种以预防为主的监管模式，其出现问题的几率就小，存在的也只是偶然因素，最终的管理成本降低。

总之，食品工业企业诚信管理体系填补了国内诚信管理领域的空白，是解决中国现代化建设转型期诚信缺失问题的途径之一，将在企业的应用中得到发展和完善。

企业建立诚信管理体系的主要过程包括准备阶段、文件编制阶段、实施运行阶段和改进阶段。本章节内容将重点介绍建立诚信管理体系的各个阶段的实施建议和企业实现整合管理体系的实施方法。

二、诚信管理体系要素间的联系

诚信管理体系要素间的联系见图 4－1。

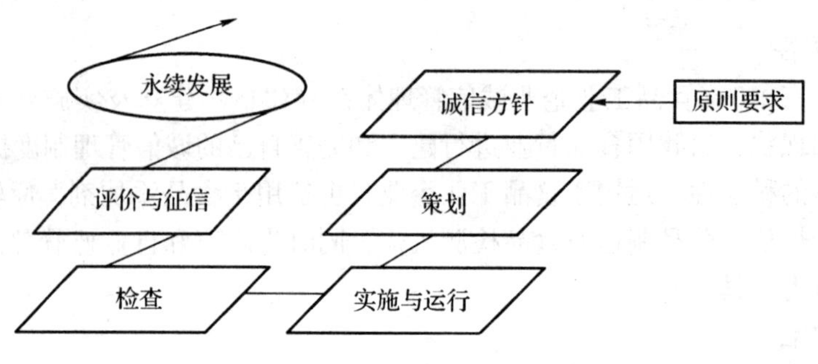

图 4－1　要素间的联系示意图

三、诚信管理体系运行图

诚信管理体系运行如图 4－2 所示。

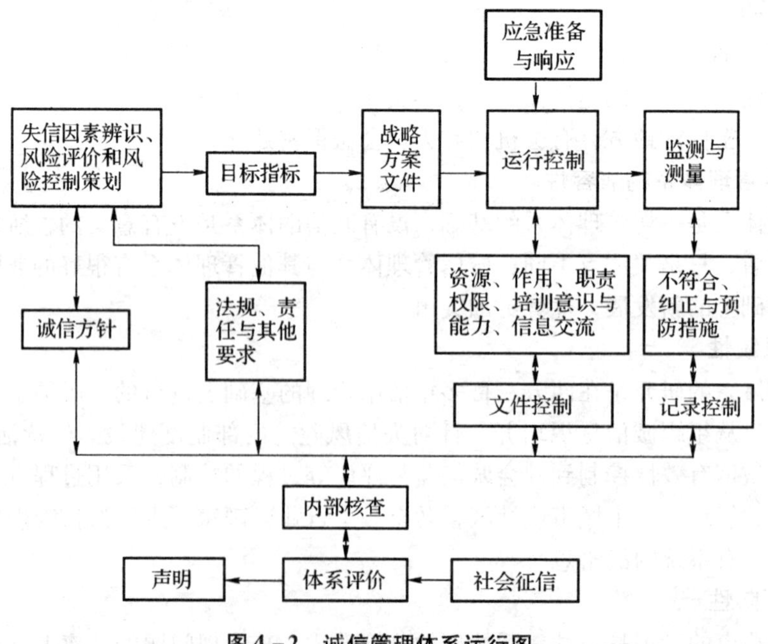

图 4－2　诚信管理体系运行图

说明：

1. 诚信因素识别是核心，产品质量是主线。

——确定生产、经营、服务过程；

——识别诚信因素，重点控制失信可能（因素）；

——汇总失信风险源（因素）；

——评价重大失信风险及不可接受风险；

——确定重大失信风险及不可接受风险。

2. 体系应有实现法规要求的功能。

——方针体现遵守法规的承诺；

——失信风险辨识、风险评价和风险控制策划，重要的依据之一是法规；

——要素中要有法规要求的条款；

——目标制定，要考虑法规要求；

——培训、信息交流、文件管理要包括法规信息；

——运行控制，应急预案与响应是履行法规的重要途径；

——要素中要有评价法规的遵循情况；

——体系评价中要考察法规的更新，应用在改善体系上。

3. 目标指标和管理方案是实现持续改进的重要途径。

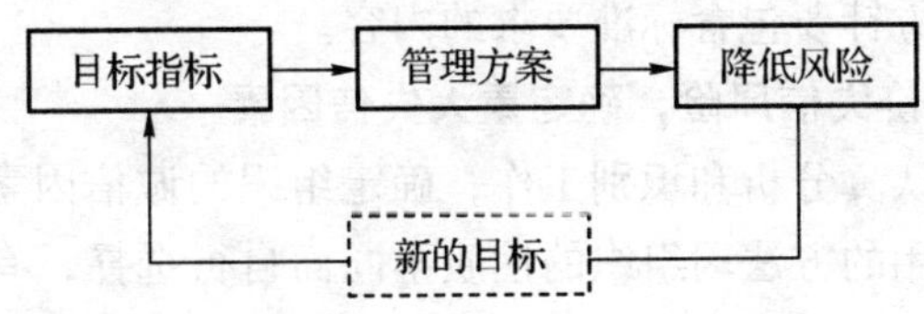

4. 运行控制是组织控制其风险的关键步骤。

通过运行控制程序，使各项活动处于受控状态。

5. 监控系统对体系运行起到的保障作用。

——监测与测量（一级监控）；

——内部核查（二级监控）；

——体系评价（三级监控）。

6. 战略管理中应加重诚信的内容，才是组织永续发展的保障。

第二节　诚信管理体系的策划与建立

一、诚信管理体系建立的准备

1. 确定组织的领导小组，任命诚信负责人

（1）领导小组的作用

负责组织诚信管理体系的协调和领导工作，对诚信管理体系的建立、运行和保持改进工作给予支持和配合，参加体系评价和战略评价，参与应急预案的领导工作。

（2）领导小组的组成

最高管理者任组长，诚信负责人任副组长，由最高管理层和中层主要负责人组成领导小组，组长对诚信绩效和失信事故负主要领导责任。

（3）实施小组的组成

实施小组由诚信负责人负责组成，以牵头部门为主，各个部门任命业务骨干为内部诚信管理员（或内部核查员）。

（4）实施小组的作用

负责诚信管理体系文件的编制，负责体系的推动运行和监督管理，参与内部核查。

（5）负责人的要求

诚信负责人的作用在标准理解的章节里已经做了阐述，诚信负责人的个人要求：第一，在组织中有一定的权威，职务为副职或相当于副职，得到一定授权；第二，个人诚信意识较强，能顾全大局，有一定的协调沟通能力；第三，有一定的处理问题的能力。

2. 确定范围

诚信领导小组应确定组织的诚信管理体系覆盖范围，按标准要求进行策划，包括产品、经营活动和服务，同时确定组织诚信管理体系与外界沟通和施加影响的范围。

3. 确定方针

诚信方针是组织诚信战略的核心，按照组织的宗旨和使命，包含管理层的诚信意识，确定组织的诚信方针，诚信方针要包含标准要求的内容。

4. 识别诚信因素，评价失信风险，确定重大失信因素

经过诚信实施小组的认真分析和识别工作，确定组织的诚信因素，可以按部门，也可以按过程进行分析确定，采用的方法因组织的性质不同而自行选择，有利于组织诚信绩效的因素定为积极因素，应继续保持，有重大失信风险的因素要列表确认。

5. 确定控制目标和控制方案

组织根据诚信因素识别重大失信风险因素，制定控制目标和指标，确定具体的控制方案。

6. 准备自我声明和公开范围

组织在完成诚信管理体系建立策划的基础上，确定自我声明文件，表明组织的诚信方略和承诺目标，并确定自我声明公开与传达的范围，并把这些声明作为自身的要求加以有效控制。

自我声明，一方面是为了向组织内部员工表明组织领导层和全体员工对诚信经营的态度和决心，利于形成组织各部门、各岗位人员步调一致，严格约束自己的信条，更有利于组织向外界表明组织的态度和作为，表明组织已经全面、系统地审视诚信管理体系，并将组织的诚信教育和失信风险控制在一个能被接受的范围，无论是质量诚信、环境诚信、安全诚信还是服务诚信，并接受相关方的监督。

二、文件编制

诚信管理体系文件的编制应从组织的整体出发，统一策划，反映出企业诚信管理体系的特点，满足标准要求，根据需要覆盖多个方面的控制要素，并体现各要素的功能和它们之间的相互关系。文件的内容要形成一个有机整体，各文件之间要做到逻辑相关、层次清晰、接口明确、结构合理、协调有序。

体系文件应具有法规性和权威性。诚信管理体系文件一经最高管理者批准发布，就成为企业内部必须执行的法规性文件，是指导企业一切诚信管理活动的行为规范和实施核查的重要依据。

1. 适宜性、符合性和可操作性

诚信管理体系文件的编制应依据企业的实际情况，充分体现企业的经营特点、性质和规模，反映企业诚信因素的类别、技术状况和人员素质。体系文件还应考虑企业内外部客观需求的不断变化。

文件的适宜性和充分性还体现在文件数量和详略程度的变化上。企业的产品、规模、过程的流程、人员状况、社区诚信环境、基础设施等因素是不断变化的，诚信管理体系文件也应随着这种变化而调整。

2. 规范性和见证性

各个层次的体系文件应保持统一的文件格式。文件的制定、修订应经过严格的相应职能部门的评价、确认和审批过程。

3. 确定性

在描述任何诚信活动的过程中，必须使其具有确定性。即何时、何地、做什么、由谁来负责、依据什么文件、怎么做及应保留什么记录等，必须加以明确规定，排除人为的随意性。

4. 相容性

各种与诚信管理体系有关的文件之间，应保持良好的相容性，即不仅要协调一致不产生矛盾，而且要各自为实现总目标承担好相应的任务。

5. 简化

简化可获得节省、减少差错、降低人员素质和培训的要求。

6. 优化

每个程序和过程都应平衡风险、利益和成本，寻求最佳的折衷，从而实现在特定具体条件下的优化目标。

7. 预防

在体系文件编写的过程中，要始终立足于加强预防。在诚信管理活动中，要预先对可能的各种失信风险因素做出有效控制的安排。应重视如何发现潜在的不合格因素并施以预防措施。

8. 独立性

在关于诚信管理体系内部核查评价方面，应贯彻独立性原则，使评价人员独立于被评价的活动（即只能评价与自己无责任和利益关联的活动）。

9. 区别

在各种管理活动中要从问题的重要性和实际情况出发决定对策。

10. 闭环

任何管理活动的安排应善始善终，并按照 PDCA 循环力求不断改进。

11. 动态控制

诚信管理体系实施动态管理。要求不断跟踪情况的变化和运行实施的效果，及时、准确反馈信息，调整控制的方法和力度，从而保证诚信管理体系的生命力，能不断适应诚信管理体系环境的变化，维持有效的运行。

三、诚信管理手册的编制

1. 诚信手册的内容

（1）标题、范围和适用领域；

（2）目次；

（3）介绍页（包括对企业的简介及手册本身的介绍）：

企业简介主要包括对于企业运营环境、关键的企业关系、竞争环境和战略挑战、诚信绩效改进等方面的简要说明。企业简介深入洞察并反映组织运营环境的内外部因素，这些因素包括组织使命、愿景、价值观、道德观、诚信战略、竞争环境及其他因素；

（4）企业的诚信方针和目标；

（5）企业结构、职责和权限的说明：

（6）诚信管理体系要素和引用控制程序的描述；

（7）定义（对行业术语和本企业习惯用语加以定义）；

（8）诚信手册使用指南（包含诚信手册的管理）；

（9）支持性资料的附录。

2. 某一章节的内容

对于诚信手册的某一章节（描述要素的章节），其内容一般应包括：

（1）目的和范围：明确为什么要开展此项要素活动及活动所预期的管理目标。如内部评审的目的在于检查诚信管理体系涉及各部门的活动是否符合计划安排及规定要求，诚信管理体系是否有效地保持、实施和改进，为诚信管理体系的改进提供依据。控制范围是诚信管理体系涉及的范围。

（2）职责：在手册中宜明确到该要素的归口管理部门及主要相关部门。

（3）措施和方法：为达到要素要求所采取的措施和方法，应说明工作流程，保持合理的编排顺序，注意任何需要注意的例外（异常）或特殊情况的处置规则，可考虑采用流程图。

（4）文件和引用文件：明确该要素活动涉及的文件和表格或必须记录的数据。

（5）记录：明确该要素所产生的记录、记录的保存地点和保存期。

3. 控制要点

除上面提到的诚信管理体系文件的编写原则外，还应注意：

（1）应体现诚信方针，保证诚信目标、指标和自我声明的实现。各项活动的控制力度要与诚信方针、目标、承诺相一致。

（2）注意各项要素的界面和接口。

（3）不宜照抄标准，要联系本组织的实际，对标准的不确定语作出明确的规定。

（4）控制对象要明确。

四、诚信因素的识别与失信风险评价

诚信管理体系是一种以预防为主的风险管理方式，内部失信引起工作间的不顺畅，产品质量以及服务出现问题；外部失信的后果有时更为严重，因失信造成破产的企业已不在少数。因此加强失信风险评价，确定重大失信因素是诚信管理体系的重点，而确定失信源离不开用科学的方法对企业的经营活动过程中的诚信因素进行识别。

1. 诚信因素识别

诚信因素的种类分为有益的诚信因素和有害的失信风险因素，诚信管理体系更注重失信风险预防，所以诚信因素识别的最后是重大失信风险因素清单，对此进行管理方案的制定，加以控制这些失信隐患。

诚信因素的识别一般可按排查法进行识别，排查法可以以部门为对象，分析部门的所有产品，所有活动和服务存在的失信风险，也可以按过程分析在某一过程中涉及哪些部门、哪些岗位存在失信风险，查明失信可能的原因。

2. 失信风险评价

失信风险的评价一般采用因素分析法，可以利用鱼翅图，对于企业的薄弱环节加以控制；对于能够造成严重损失、发生失信频次较高或可能性极大、影响程度和控制难度较大，威胁可能性较高以及高危险、高污染性企业要充分分析失信因素，常用的半定量方法在实际操作中具有一定的作用。

五、诚信管理程序文件的编制

控制程序是指描述企业的经营活动如何按照诚信标准规定进行开展的程序。具体展开，是诚信管理体系文件的重要组成部分，是对诚信手册的有力支持。它应当说明何时、何地、做什么、由谁来做、怎样做、为什么要这样做。同时，必须标明该项活动应依据什么文件、应留下什么记录。记录表样式可作为程序文件的一部分。

运行控制程序宜由熟悉业务的部门负责人编写本部门的控制程序，如设计部门负责编制设计缺陷控制程序，销售部门负责编制合同评审程序等，公用部分由诚信实施小组编制。

控制程序的范围和详略程度，应取决于工作的复杂程度、所用的方法以及承担该项活动的人员素质。控制程序可以引用更为详细的作业文件（相应的作业指导书、管理标准、法规体系和工作标准等）。

结合程序文件中常见的问题，应关注以下编制要点：

（1）控制程序应能支持诚信手册

控制程序与诚信手册的接口关系一定要处理好。通常诚信手册是由诚信领导小组组织专门的编写小组或实施小组来编写的，而控制程序文件是由归口管理部门的负责人来编写的。由于并非出自一人的手笔，在描写同一要素活动时，常常会出现脱离标准、脱离诚信手册来写程序的情况，所以要求初次评价的组织要保持两者之间的接口。

（2）职责、权限和相互关系协调一致

如要素活动中的职责、权限和相互关系应与诚信手册的管理职责中的各类人员职责、部门要素活动职能分配和管理体系组织结构图的规定相一致。

（3）程序控制力度与诚信方针、目标相一致。经常看到诚信方针、目标的要求很高，但控制程序不能保证方针、目标的实施。

（4）注意“异常流”的控制。如紧急违约事件、重大灾难等“异常流”，应作出预防性的控制安排，以免一旦发生这种情况而失去控制。

（5）搞清各项活动过程的输入和输出，并加以全面控制。

（6）必须符合组织实际，注意可操作性。

六、诚信管理方案、作业指导书和有关档案记录的编制

作业文件包括技术性的作业指导书及管理性的工作标准。凡是在控制程序中引用的内容，在作业文件中都应有相应的确定。

作业文件内容可以包容其他的业务活动控制要求。

作业文件应支持控制程序，在怎样做方面，做出更为细化的描述。

管理方案是作业文件中的一种，应针对重大失信行为的风险进行设计方案，以便加强管理，在日常工作中，分清轻重缓急，进行系统化管理。

第三节　诚信管理体系的实施与运行

一、诚信管理体系文件的发布

文件发布是企业诚信管理体系正式运行的第一步，标志着管理层认可的统一，标志着企业诚信承诺的公开，标志着企业内部诚信法规的执行和约束机制的建立，标志着对外社会责任的履行。体系领导小组和体系实施小组成为了常设机构，为以诚信为本的组织文化建设奠定了事实基础，文件发布之日应该有必要的宣誓活动。

二、诚信管理体系的实施运行

在 PDCA 循环中，这个阶段的任务是以适当的程序进行管理运作，执行所选择的控制程序，管理策划阶段所识别的诚信风险。在这一阶段企业应：

（1）识别管理行动和确定诚信管理风险控制的优先顺序；

（2）实施风险控制计划以达到控制目标，包括对资金的考虑和落实；

（3）实施控制目标和控制措施；

（4）进行培训，提高诚信意识；

（5）管理运行有关程序和方案；

（6）管理资源；

（7）实施程序和应急反应的控制措施。

三、公信平台的建立与使用

企业内部应该建立公共信息平台，使大家在一个较为透明的管理模式下发挥自己的优势，公信平台应该和个人成长计划和职业生涯规划联系起来。公信平台的形式多种多样，公

信信息表达不拘一格，比如组织的板报、内部广播、优秀评比、晋级加薪评审等场合，都应该体现诚信的观念。

第四节　诚信管理体系的检查与改进

一、诚信管理体系的检查

检查阶段是PDCA循环的关键阶段，是诚信管理体系分析运行效果、寻求改进机会的阶段。如果发现一个控制措施不合理、不充分，就要采取纠正措施，以防止诚信管理体系处于不可接受的失信风险状态。

（1）企业执行监控程序和其他控制措施的目的：

① 适时发现运行过程中的错误；

② 及时识别失信危险和失信事故；

③ 能够使企业预期的目标按照既定时间安排、程序要求如期实现；

④ 确定对诚信有威胁的行为得到有效的监控和畅通的信息传递。

（2）企业通过多种方式检查诚信管理体系是否运行良好，并对其业绩进行监视，所包括的管理过程有：

① 执行程序和其他控制以快速监测处理经营运行结果中的错误；快速识别诚信管理体系中的失信威胁；能使管理者确认人工或自动执行的活动在诚信的环境中达到的预期结果；按照失信风险级别确定解决失信行为所要采取的措施；接受其他组织和组织自身的诚信经营经验。

② 常规评价诚信管理体系的有效性；收集诚信运行信息、事故以及来自所有股东和其他相关方的建议和反馈，定期对诚信管理体系的有效性进行评价。

③ 评价剩余风险和可接受风险的等级；评价残余风险和可接受风险的水平，要考虑以下方面的变化：组织规模、员工素质、业务目标和过程；识别威胁和外部事件，如：法律、法规的环境变化和社会环境发生的变化；定期评价剩余风险和可接受风险等级的合理性。

④ 执行内部核查管理程序以确定规定的诚信程序是否适当、是否符合标准以及是否按照预期的目的进行工作。核查的目的就是按照规定的周期（最多不超过一年）检查诚信管理体系的所有方面是否行之有效。核查的依据包括诚信管理体系通用标准要素和组织所发布的诚信管理文件。应该进行充分的核查策划，以便核查任务能在核查期间按部就班地展开。

⑤ 第三方评价：为确保营业范围内保持诚信管理体系运行充分性，以及诚信管理体系过程的持续改进得到识别和实施，组织应定期对诚信管理体系进行正式的第三方评价。

⑥ 记录并报告能影响诚信管理体系有效性或业绩的所有活动、事件。

二、内部核查

（一）内部核查员的条件和素质

在诚信管理体系中，核查员的“素质”将直接影响到诚信管理体系的内部核查质量，进而影响到诚信管理体系运行的有效性和运行执行力。

核查机构可以自己任命内部核查员，但要有培训合格证明，内部核查员一般应具备下列条件：

① 中专以上学历，五年工作经历，至少有一年诚信信用管理的经验，包括销售、供应、客服等工作。需接受机构的培训，并取得培训合格证书。

② 思路开阔、成熟，有较强的判断和分析能力，看问题客观公正，坚持原则。

③ 了解内部核查程序、方法和技巧；熟悉机构组织情况、管理体系文件、相关的法律规范基础知识。

④ 掌握基本的核查知识，了解核查方案策划，核查实施计划的编制；编制核查检查表；掌握核查的方法、技巧；不合格（不符合）项的确定与不合格（不符合）报告的编写；核查结果的汇总分析：核查报告的编写；纠正措施的验证；组织首、末次会议。

（二）内部核查员的职责与作用

1. 内部核查员的职责

（1）在确定的核查范围内进行工作；

（2）收集和分析与受核查部门的诚信管理体系有关并足以对其下结论的证据；

（3）将观察结果整理成书面材料；

（4）汇报核查结果，向核查组交流核查发现的有关问题；

（5）配合和支持内部核查组长的工作。

2. 内部核查员的作用

（1）诚信准则的宣传员；

（2）诚信工作的推动者；

（3）诚信管理体系的诊断师、监督员。

3. 内部核查组长的职责

（1）全面负责内部核查的工作；

（2）协助选择核查组的成员；

（3）制定核查计划，起草工作文件，给核查组成员布置工作；

（4）及时向诚信负责人报告关键性的不合格（不符合）情况和失信威胁：报告核查过程中遇到的重大障碍；

（5）核查组长有权对核查工作的开展和核查结果做出最后的决定；

（6）清晰、明确地报告核查结果，不无故拖延；验证由核查结果导致的纠正措施的有效性。

4. 内部核查员的工作方法和技巧

（1）正确使用检查表；

（2）核查时注意不要轻易偏离检查表，以保证核查工作有序地按计划进行，但同时要注意灵活应用，不要过多地受检查表的束缚，必要时要调整检查表；

（3）少讲、多看、多问、多听；

（4）信息是通过看、问、听获得的，不能从讲话中获得。不要去做裁判，当受核查部门内部发生争执时，内部核查员不要扮演裁判的角色；

（5）不要重复阐述。有的核查部门负责人未参加首次会议，或参加了未注意听，对核查工作模糊不清，会发生临时请教内部核查员的情况，此时内部核查员不必过多重复阐述核查组长的讲话，应请他学习文件或向部门内核查员了解；

（6）选择正确的提问对象，并正确地提出问题，集中精力处理主要问题；

（7）封闭式和开启式问题相结合。

封闭式问题，可以用“是”、“否”、“有”、“无”等简单的词来回答，可得出明确无误的答案，但信息量少。

开启式问题，需对方做详细的解释或说明，信息量大，但占用时间较多。核查时，一般以封闭式问题开始，再提出开启式问题，最后以一两个封闭式问题结束。

开启式问题可以分为以下几类：

——主题式问题；

——扩展式问题；

——征求意见式问题；

——设想式问题。

（8）提问与观察相结合

提问中常问及文件及其实施情况，因此在提问的同时要查看文件及观察现场。使用此方法时，应注意避免受核查部门出示文件后，内部核查员只埋头细读而中止提问的情况，文件宜带回去细读。

（9）联想与追溯

如从顾客抱怨信息来看，就应联想到产品的包装、交付过程有无问题，并注意观察易被遗忘的角落。

（三）诚信管理体系内部核查

1. 内部核查策划

按照内部核查程序的规定，最高管理者授权诚信负责人成立核查组，制定年度核查计划。在开展内部核查前，应有一个策划的过程。策划结果应形成书面文件，主要包括核查计划、组成核查组、核查用工作文件和资料（包括文件审查）、核查通知等。策划的具体要求如下：

（1）编制核查计划，核查计划要得到批准。核查计划为核查组和受核查部门充分了解；责任落实，包括建立核查组并明确分工，各核查部门负责人届时在场并已有准备；工作文件落实，包括各类文件记录都能得到理解并能有效应用。专项核查时，由核查组长制定专项核查活动计划，准备核查工作文件，通知核查。

（2）建立内部核查小组。根据核查活动的目的、范围、部门、过程以及核查日程安排，选定核查组长和成员，建立核查小组。小组成立后，应明确各成员的分工和要求，这是核查组长的责任。核查组长应注意“核查员不能核查自己的工作”的原则。内部核查员（或称内部诚信管理员）按分配任务做好各项准备工作。主要有：熟悉必要的文件和程序；根据要求编制检查表；考虑前次核查结果应跟踪的项目。小组成立后通常应举行核查组会议，以确保核查前准备工作全部完成，每个内部核查员对核查任务完全了解。

（3）制定核查计划。核查计划包括年度核查计划和核查活动计划（核查大纲）。年度核查计划是核查策划的始端也是总纲，核查活动计划则是按照年度核查计划安排具体实施。核查计划的内容可包括：核查目的、范围、核查准则、核查组成员及分工、主要核查活动的时间安排、首末次会议时间等。核查组向受审部门通知具体的核查日期、安排和要求。组织年度核查计划应以文件的形式颁发，核查活动计划应有核查组长签名和主管领导的批准。

（4）准备工作文件

工作文件的准备主要是指核查所依据的标准、准则和文件，现场核查检查表，不合格（不符合）报表等。标准和文件必须是有效版本，必须已在现场实施。它们主要有：

——诚信管理体系标准；

——诚信手册、程序文件、诚信战略规划和记录档案；

——合同要求；

——有关法律、法规；

——有关产品、服务标准。

检查表是需准备的重要文件。

（5）编制检查表

检查表是内部核查员核查前需准备的一个重要工作文件，应精心策划。

为了提高核查的有效性和效率，核查员一般应根据分工，准备现场核查用的检查表。检查表的内容多少，取决于被核查部门的工作范围、职能、抽样方案及核查要求和方法。

编写检查表需着重注意的几个问题有：

① 与编制核查计划相似，当以部门核查为主时，要充分运用：计划→执行→检查→处理，即 PDCA 过程方法，编制检查表。

② 检查表的依据是诚信管理体系标准通用条款要素和受核查方的诚信管理体系文件及其他核查准则。

③ 应注意只有经验证的信息才可作为核查证据。

④ 核查检查表的形式和详略程度可采取灵活方式。

2. 内部核查实施

（1）文件的审查。文件审查是对组织的诚信管理体系文件的审查，评价诚信管理体系文件是否满足核查目的、范围和核查准则的要求，以确定受审方是否具备体系运行的内部核查条件。通常分为文件初审和现场核查时的文件审查。文件初审主要检查诚信管理体系文件与评价准则的符合性和充分性，现场核查时重点审查诚信管理体系文件的适宜性和可操作性。

（2）内部核查实施的基本内容。以召开首次会议为核查实施开端。根据标准、准则、文件、检查表和计划安排，核查员进入现场核查、核实，开始核查的主要活动——现场核查。在现场核查中，核查员运用各种核查策略和技巧，把收集到的客观证据适时记入《现场核查记录表》，通过对核查证据、核查发现的整理分析和判断，并经受核查部门确认后开具不合格项报告，最后以末次会议结束现场核查。核查组长应实施核查的全过程控制。

（3）首次会议。是核查组全体成员与受核查方领导及有关人员共同参加的会议，由核查组长主持，向受核查部门介绍具体内容和方法，并协调、澄清有关问题。到会人员要有签到记录。

（4）现场核查。首次会议结束后，即进入现场核查阶段。现场核查应按计划安排进行，具体的核查内容应按准备好的检查表进行。现场核查是使用抽样检查的方法寻找客观证据的过程。

（5）征信评议。内部核查中的一个重要环节，是对有与外界接触面的部门，进行相关方的调查工作，一般是查看本部门的调查记录，内部核查员还可以亲自做诚信信息调查验证。

（6）不符合（不合格）项报告。是对现场核查得到的核查发现进行评价并经受核查部门领导确认的对不符合（不合格）项的陈述，是内部核查报告的一部分，是内部核查组提交给末次会议和受核查部门的正式文件。

（7）末次会议。现场核查以末次会议结束，是诚信负责人、内部核查组和有关职能部门负责人员参加的会议。宣读核查发现，确定核查结论，规定整改时间，提出整改要求。

3. 内部核查报告

现场核查结束后，应提交核查报告。包括：核查报告的编制，批准，分发，归档，考核奖惩，纠正、预防和改进措施的提出、确认和分层、分步实施的要求。

核查报告将由核查组长在核查后规定期限内以正式文件的方式提交给最高管理者或诚信负责人。核查报告提交后，核查即告结束。

核查报告是对核查中的核查发现（不符合项）的统计、分析、归纳、评价。报告应规范、定量、具体。要统计分析不符合项，对核查对象的活动及结果进行综合评价，与受核查部门共同制定纠正措施和实施要求。提交核查报告前，应与受核查部门负责人协商交底，核实修正报告内容，取得原则同意后，提交最高管理者或其代表审查批准。被批准的核查报告应分送有关部门和人员。

（1）内部核查报告的内容

① 核查的目的、范围和核查准则；

② 核查组成员、核查活动的日期和地点；

③ 核查计划；

④ 受审方及负责人或代表的名单；

⑤ 核查过程概述：

⑥ 在核查范围内未涉及到的区域和核查发现；

⑦ 核查组和受核查部门之间没有解决的不一致的问题；

⑧ 经协商的核查后续活动计划和对纠正措施完成时间的要求；

⑨ 核查结论；

⑩ 核查报告的分发名单（受核查方有关的部门、最高管理者、诚信负责人）。

（2）内部核查报告中的核查结论

核查结论必须写入核查报告中。核查报告不仅是组织领导最为关心的核查结果，也是核查组最需慎重的决定。核查结论应在所有核查发现汇总分析的基础上做出。

核查报告应包括诸如以下方面的结论：

① 管理体系在核查范围内是否符合核查原则；

② 管理体系在核查范围内是否得到有效实施；

③ 诚信方针和诚信目标实施的有效程度；

④ 诚信管理体系的持续充分性、适宜性和有效性的能力；

⑤ 产品、服务和过程满足用户要求与法律法规要求的能力和程度；

⑥ 持续改进机制是否建立，永续发展战略是否展开；

⑦ 核查报告还应有核查发现，即符合项和不符合项的描述，核查不符合项应以准则明示要求和相关方投诉为依据，对隐含要求的不符合项可在核查报告中适当描述。

（3）内部核查报告中的纠正、预防和改进措施及要求

内部核查是管理工具，重点是推动内部改进，因此提出纠正、预防和改进措施及要求应成为核查的一项重要任务和报告的一项重要内容。

（4）内部核查报告的处理方式

① 根据核查结果及综合评价，由核查小组提出建议，报管理层对受核查部门进行考核奖惩，重点是预防失信风险；

② 根据核查报告中提出的纠正或改进措施，组织分层分步实施，并对实施情况进行跟踪报告；

③ 将核查过程中形成的有关文件、资料整理归档，以便统计分析、查询和利用；

④ 报告应分发至有关领导和部门，以便采取纠正和预防措施。

（5）内部核查报告的格式

无统一的格式，由组织自行规定，但报告的格式应规范、紧凑、突出重点、照顾一般。不同核查对象的核查报告应有区别。

（6）注意事项

① 内部核查报告应力求客观，对事不对人，应肯定受核查部门的工作，不要一味谈不足之处。

② 内部核查报告应先征得受核查部门负责人的同意，取得组织领导的批准后，才能分发、实施。

③ 内部核查报告应突出重点，容易理解；应简明扼要，避免长篇陈述；应定量、具体，用典型事实、数据说话；应能抓住领导和用户关心的问题。

④ 内部核查报告应及时分发至相关的部门和人员。

⑤ 措施的制定不能就事论事，应通过局部看全局：应可操作、可控制、可评价；应从预防、系统、发展的角度制定；应循序渐进，分层分步骤地制定实施措施。

4. 核查跟踪

应加强对核查后的区域、过程的实施及纠正情况进行跟踪，并在下一次核查时，对措施的实施情况及效果进行复查评价，写入报告，实现核查闭环管理，以推动连续的改进。在任何组织中，从核查得到的真正益处最终均来自“自身”的核查。

核查结论可以表明对正确的失信预防措施和改进活动的需要。纠正措施的完成和有效性应通过适当的程序得到验证，这个验证过程是连续核查的一部分。所以说，核查跟踪是核查活动的一部分，是内部核查的延伸。

核查跟踪是对受核查部门采取的纠正措施进行评价、验证，并对纠正结果进行判断和记录的一系列核查活动的总称。

（1）核查跟踪的目的

① 促使受核查部门实施有效的纠正和预防措施，防止内部或外部失信再次发生；

② 验证纠正和预防措施的有效性；

③ 确保消除核查中发现的不符合项。

（2）核查跟踪的范围

核查跟踪以核查中发现的不符合项纠正情况为主，但常因需要而扩大范围，对有效性的验证也因内部管理的需要而更为严格。

（3）核查跟踪的作用

① 核查跟踪能促使受核查部门建立防止不符合项再发生的有效机制，促使受核查部门的工作和诚信意识不断加强。

② 通过核查跟踪，向管理层及时反馈受核查方的纠正情况以及体系运行的情况。

三、体系评价

1. 体系评价时机

对于新建立的诚信管理体系，在运行的初期，可根据运行实施需要召开体系评价，以确保诚信管理体系能够持续、适宜和有效地满足所选标准的要求。随着诚信管理体系的日趋完善、成熟，体系评价的次数可减至每年两次，但至少每年必须进行一次。当遇到业务重大调整、组织机构变更、出现重大失信事故、诚信管理体系发生变更等情况时，应根据情况增加体系评价的频次。

2. 体系评价的策划

实施体系评价前，一般由最高管理者提出要求，由诚信负责人或主管部门（如诚信办或信监办）拟定内部核查计划，报最高管理者批准后，由主管部门于评价前分发、通知参加体系评价的部门并收集体系评价所需的信息。

3. 体系评价的输入

作为体系评价输入的信息，一般包括：

① 核查结果（包括第一方、第二方、第三方审核等）；

② 措施的效果，即一个措施通过资源的投入和活动的开展将失信风险加以控制，从而实现正常的诚信经营，并达到预期效果的程度。如果某一控制方案、措施的实施达到了预期的结果，则这一管理过程的措施就是令人满意的；

③ 评价纠正措施的结果；

④ 以往体系评价所确定的措施的实施情况及效果；

⑤ 可能影响诚信管理体系的各种变更（包括外界的变化而引起的体系的变更，例如出现了新的诚信管理条例、相关法律法规的变化，从而导致组织相应的体系变更。也包括自身的变化，例如业务、组织机构、财务状况等的变更而导致体系的重大变更）；

⑥ 由于各种原因而引起的有关组织的业务流程和体系改进的建议。

4. 体系评价的实施

最高管理者主持评价，各职能部门领导参加，针对计划所列评价议题及各部门提交的体系评价资料进行评价，并就重点问题展开充分讨论，对诚信管理体系持续的适宜性、充分性和有效性进行评价。识别出组织诚信管理体系改进的机会及变更的需要并形成决议。由主管部门对体系评价的主要内容及形式进行记录。

5. 体系评价的输出

（1）组织对现有的诚信管理体系及控制措施的有效性提出改进。如：明确控制措施的适用范围，需修改现有的体系文件，需增加一些操作文件等。

（2）组织应针对内外部环境的变化考虑自身资源的适宜性、充分性，以及因改进所引起的资源需求。如：涉及人员不能满足工作需要，需要对现有人员进行培训等。

6. 体系评价报告

体系评价的输出应形成记录，如《体系评价报告》，一般包括以下内容：

（1）评价的目的、依据、内容和范围；

（2）参加评价的人员及评价日期；

（3）评价的主要内容、存在的问题及整改要求；

（4）需要持续改进的主要方面及改进措施；

（5）体系评价的结论。

7. 体系评价的后续工作

（1）责任部门及负责人对体系评价提出的问题及要求进行整改；

（2）主管部门组织对整改结果进行跟踪验证，并记录验证结果；

（3）对于富有成效的改进，涉及到文件改进时，应更改原有的文件。

8. 体系评价中常出现的问题

主要体现在以下方面：

（1）最高管理者不知道体系评价的作用，面对重大失信事故，对诚信管理体系的评价结论仍为“适宜、有效”。个别组织在体系评价做出“适宜、有效”的评价结论后，就陷入诚信危机的困境。

（2）由于体系评价的自我纠错、自我改进和自我完善功能未得到发挥，最高管理者不仅感受不到体系评价带来的任何好处，反而认为是“包袱”。

（3）未对诚信目标进行评价，对诚信管理体系的适宜性、充分性和有效性的判断缺乏充分的依据。

（4）体系评价必须由具有决策权的最高管理者主持，否则体系评价过程不但难以深入，提出的问题也不能得到解决，作出的决策得不到贯彻和执行。

（5）评价的时机选择不当。大多数组织一年安排一次内部核查，通常选择在评价机构审核前进行。由于组织一般都在年终才统计和汇总各种数据，使体系评价得不到全面的信息。有些组织在发生重大安全事故或对组织结构进行重大调整时，没有及时进行体系评价。

（6）体系评价的输入不够充分和全面。参与评价的部门不全；有的部门未按要求提供相应的体系评价材料和充分信息。有些虽然提供了材料，但内容不全面，对本部门的业务没有进行深入的分析。有的材料中甚至没有采取纠正和控制措施的有关信息。

（7）输入以往的体系评价信息不全面。输入的体系评价信息只有不合格项的数量、方法、分析情况和内部核查报告的结论，而没有原来体系评价的纠正措施、措施实施计划和实施情况等相关信息。

（8）未输入外审的结果。外审往往具有一定的深度，而且客观、公正，有助于组织发现深层次的问题。由于在体系评价中没有对外审结果进行认真的分析和研究，这在一定程度上影响了体系评价的效果。

(9) 体系评价时间太短，未能进行充分的讨论和深入的研究。

(10) 没有对体系评价中发现的系统性问题提出纠正措施要求或没有进行跟踪验证。

(11) 没有输入相关方对组织的评价信息，包括工商、税务等机关的评价信息。

四、内部核查和体系评价的联系和区别

体系评价和内部核查一样，都要求组织根据评价结果制定相应的措施，以改进或纠正评价中发现的问题，并对措施的实施情况及其效果进行跟踪。

内部核查和体系评价都涉及到对诚信管理体系整体的评价，但彼此在内容、范围和所涉及问题的层次上又有本质的区别。

1. 概念不同

组织的内部核查是一个系统化、文件化和客观的验证过程，应符合通用标准条款的要求。

体系评价是组织的最高管理者就诚信方针、目标和指标以及诚信管理体系的现状和适用性所进行的自我评价。

2. 管理的级别不同

内部核查通常由诚信负责人负责，指定审核组长和批准审核组的组成。内部核查可采用查阅文件（或记录）、面谈和现场观察三种方式进行。审核时要记录审核结果，提出发现的不符合及纠正措施建议，并通知受审核部门的负责人，对出现的不符合项进行纠正，分析不符合项产生的原因，采取措施，防止类似事件的发生，经内部诚信管理员验证有效后，编写审核报告。

体系评价由最高管理者主持进行，各部门领导汇报实现诚信绩效的关键环节、风险和范围、资源方面有何困难、所需的帮助等，由主管部门记录评价会议结果并编制评价报告。

3. 目的不同

内部核查是判断体系的符合性及是否得到正确的实施和保持，解决的是体系符合性评价问题。

体系评价着眼于体系的持续改进，目的是验证诚信管理体系是否持续有效、适宜，是否需要随变化了的内、外部条件而修改。内部核查的结果只是对体系评价做出评价的因素之一。

4. 时机不同

内部核查是由与受审核区域无直接责任的内部核查员（内部诚信管理员），按预先编制的审核计划，定期对一个或几个部门、一个或几个要素进行审核，但每年应覆盖所有的部门和要素，也可集中在一段时间内完成。

体系评价一般在全面的内部核查结束后进行。

5. 准备内容不同

内部核查前应确定审核范围、目的和准则，编制审核计划，编制检查清单等。

在体系评价前应编制计划，由诚信负责人组织主管部门准备评价资料，包括：

(1) 诚信管理体系文件，有关文件的执行计划、措施及执行记录或报告；

(2) 相关方要求的信息反馈单、系统运行记录；

（3）内部核查提出的不符合项及改进措施的执行、验证记录、内部核查报告；

（4）各部门对执行诚信计划、目标、指标情况的自我评价、成绩、问题、改进措施、目标。

6. 控制的内容不同

（1）内部核查控制的主要内容

① 诚信管理体系文件是否适合组织诚信管理的需要。

② 所有活动是否遵守了法律、法规、标准、社会公德和国际公约。

③ 目标、指标和管理方案是否得到实现；对未能实现的目标、指标和方案应查找原因，写进内部核查报告并与有关部门确定改进方案。

④ 对诚信表现措施的成本进行统计与核算，与所指定的目标、指标相比较。确定措施的选取，尽可能地提出最经济、最合理的指标和措施选取建议。

⑤ 全体员工的诚信意识和诚信管理水平是否得到提高，是否履行了各自的职责。

⑥ 所有的运行文件是否按手册、程序和作业指导书的要求进行。

⑦ 是否有新的失信风险因素出现，是否已得到了识别、评价和控制。

（2）体系评价控制的主要内容

① 诚信方针的持续有效性；诚信目标、指标的持续适宜性。

② 诚信目标、指标和诚信绩效的实现程度。

③ 诚信管理体系内部审核的结果，审核报告提出的建议及纠正预防措施的实施情况。

④ 诚信带来的经济效果，竞争的机遇。

⑤ 失信风险预防措施的适宜性，从诚信危机中应吸取的教训。

⑥ 相关方关注的问题，内外部反馈的信息。

五、征信评价

食品工业企业应及时收集内部和外部的诚信信息，验证诚信管理体系的有效性。征信评价有内部征信和外部征信。

征信信息可以来源于主管部门和直接客户及内部员工，还可以来源于监管或相关部门，如：

a）农业；b）工信；c）商务；d）卫生；e）质检；f）工商；g）食药监；h）劳动保障；i）环保；j）安监；k）税务；l）审计；m）银行；n）司法；o）行业组织等部门。

征信评价建议进行第三方征信。员工对征信结果有知情权。

六、诚信管理体系的需求和改进机会的情况

包括：

（1）在某些方面日益增长的诚信证明要求（招投标、商务交流）；

（2）对诚信管理的日益重视；

（3）相关方和社区环境的要求；

（4）市场及政策的要求（环保、税务政策对诚信的政策支持）；

（5）企业经营的变化；

（6）诚信观念的变化等。

总之，诚信管理体系各要素之间是相互联系、相互配合、相互协调的，通过风险预防、持续改进和遵守法律法规这三个要素，将所有体系要素串联起来。

第五节　诚信管理体系与其他体系的联系与整合

一、管理体系整合概述

所谓体系整合，就是企业将诚信、质量、环境和职业健康安全等管理体系的建立和运行以及商业信用体系建设、银行信用体系建设、工商信用体系建设的要求进行整合，认证认可系统诚信体系建设以及地方诚信体系建设的有机结合。

首先，各标准相对独立，虽然有一些共性的要求，但其结构和关注对象都有区别。其次，体系整合是建立整合型的管理体系，使管理体系更加协调，相互之间都应建立起协调的接口关系，并非把各体系混为一体。最大限度地实现资源共享，使体系得到高效、协调地运行，才是整合管理体系的本意。

二、基本概念

整合型管理体系也称作一体化管理体系，就是指两个或两个以上的管理体系并存，将公共要素整合在一起，或两个以上的体系在统一的管理构架下运行的模式。调味品生产企业可以将 ISO 9001 标准、食品生产许可、HACCP 等标准合一。

三、一体化管理体系的背景

自 1996 年以来，综合管理体系（IMS）一词在各种管理类文章中被越来越多地引用。企业的经营活动涉及诚信品牌、质量管理、人力资源管理、环境的管理、职业健康安全的管理、营销管理等方方面面，单纯采用一种管理模式必然难以满足客观的需要。如果企业因为市场、政策和客户要求，一次次地建立独立的不同体系，会带来很多重复性的工作，会造成资源极大的浪费，不仅贯标的实际效果可能被忽视，而且也会影响企业的综合管理水平和经济效益。

近年来，随着 QMS、EMS、OHSMS 的深入实施，产业界和认证机构对整合体系的反应非常热烈。国内外很多企业也正在积极的推行 CMS、QMS、EMS、OHSMS 一体化管理体系，像双汇、永达、完达山等企业已经实现了 QMS、GMP、HACCP 的一体化管理。一体化管理体系能为组织和社会带来管理效率的提高，以及体系建立、评价（认证）和维护的资源优化，费用降低等好处。诚信管理体系与原有的信用体系之间的区别，恰恰是诚信管理体系能与其他管理体系结合的基础。

四、体系整合的基础

建立任何整合型体系，首先要了解整合体系中各构成体系要素间的相同、相异之处，以便有针对性地进行整合策划。CMS 与其他管理体系的相同之处使它们之间具备有机融合的基础。相同之处在于：

1. 结构相同

ISO 9000、ISO 14000、OHSAS 18000 以及 GMP 和 HACCP 管理体系在标准思想、标准要素等内容上与工业和信息化部（以下简称工信部）推行的诚信管理体系有很强的关联性，ISO 9000标准的部分术语和定义，为诚信管理体系和其他体系提供了基础术语的部分依据内容，也都采用相同的要素管理模式。诚信管理体系的评价与原有的信用评价体系有相同的结构。

2. 管理运行模式相同

在体系的运行模式、文件的架构上是基本相同的，都遵循 PDCA 循环的原理：都强调系统化、标准化、程序化、文件化的管理，具备相同的控制逻辑图，即具备相同的管理思路。

3. 各个体系指导思想相同，都强调要以预防为主，强调持续改进

在架构上与其他管理体系成型的骨架一致，具有同其他上述标准体系整合的条件。

4. 体系之间的关联性

就质量、环境、职业健康安全以及良好操作规范、危害分析与关键控制点体系和诚信的性质而言，关联性是很明显的。注意发现“同”，有利于能合即合；注意发现“异”，有利于避免遗漏。

CMS 与这几个管理体系以及体系之间存在着一定的差异，这些管理体系之间的差异主要表现在：管理目的、管理对象、管理内容、具体控制要求各有不同，而具体控制要求的差异需要细心识别。差异间又都存在着内在联系，例如：如果操作不规范，危害分析不到位，关键控制点失控，质量控制就无法保障，就要多出废品、浪费能源和原材料，质量的失控还会达不到承诺要求，引起质量失信；废品处理也可能带来污染，影响社区，形成公害事故，造成环保道德、环保法律失信；由于环境污染的受害者往往首先是企业职工，又同时产生了职业健康安全问题，对职工健康失信。在危机四伏、脏乱不堪的操作环境中，不可能制造出好的食品。

食品类行业，这种关联性会更加明显。例如：食品类生产企业，如果管理失信，违规操作，无证经营，就会带来食品安全隐患，出现不合格产品，如果流入市场，就是最大的不诚信；消费者的生命健康就会受损，就会触犯法律法规。不合格产品销毁又会影响环境，破产的违规企业又会侵犯职工权益，给社会造成负担。所以在企业的统一安排、战略部署上将诚信、质量、操作规范、环境、职业健康安全放在一起考虑是一种科学的管理手段。

细分析，没有诚信的任何体系都是一句空话。诚信管理体系的建立与其他体系的结合是一切组织科学管理的必由之路。

5. 管理体系互不兼容的弊端

组织在实施多体系时都采用了各自独立的体系，体系之间如果没有或很少有资源共享，这种多体系和大量重复文件的情况就会导致组织管理效率降低、重复工作，且难以控制和实施。在管理体系的实施和运行中就会存在以下问题：

（1）一些组织为了满足不同标准认证或评价的需要，不得不做重复劳动，因此出现了几套程序文件、重复内部核查、重复体系评价的现象，导致管理体系运行效率低下。

（2）依据不同的管理构架建立几个不同的管理体系，造成组织内部相互协调的困难，也会引起诚信、质量、食品安全、环境、职业健康安全的管理部门从各自负责的专业责任出发，出现争资源、政令不统一、信息不能共享甚至互相排斥的情况。

（3）现行的信用评价体系与国际其他管理体系的融合就有困难，对企业有时是个负担，但诚信管理体系就解决了这个问题。

6. 建立整合体系的意义

（1）建立一体化管理体系能够优化组织资源，降低管理费用，是强化组织管理的需要

组织需要建立的体系很多，各种体系之间的接口、各要素之间的协调，随着时间的动态变化会越来越复杂，解决会越来越困难。一个组织的管理功能和效率发挥的好坏，不能只靠某一个或某几个体系的有效性，而是要靠组织管理体系整体有效性的发挥，减少管理上的不协调，提高管理效率。因此整合体系建设是组织自我发展、自我完善的需要。

（2）建立一体化管理体系是组织提高效益的重要途径

用一套体系文件进行统一控制，使所有的活动和过程都达到规范化，为组织提供整体解决问题的手段，用较少的投入和较短的时间达到多个目标，这些过程无疑会显著降低管理成本，提高组织的管理绩效。

（3）建立一体化管理体系是增强竞争实力、促进组织发展的重要手段

我国进入 WTO 以后，面临着严酷的国际竞争，只有靠竞争的实力才能取得国际市场的准入证。国际市场的需要是多方面的，需要多种评价，只有涵盖多种标准的整合型管理体系，才能体现各管理领域的优势互补，才能确保组织的产品、服务和活动符合各种要求，最大限度地满足社会和相关方的需求。现在的信用评价体系虽然还没有纳入国家统一监管范畴，而是作为社会性公益事业在全面开花，但我们也能看到它的弊端，新的不诚信也许会在诚信评价过程中就悄悄滋生了。有关规范化管理的制度文件随着诚信体系建设与评价即将开展，也正在工信部诚信体系建设领导小组的领导下，在全国食品工业行业协会和社会组织的参与下进行完善。

（4）认证和评价的关系以及国际认证认可发展的趋势

从国际认证市场的发展趋势来看，认证的品种和社会需求越来越多，组织建立实施多种管理体系，寻求的认证也越来越多。建立一体化的管理体系是组织适应多种认证的发展要求。虽然今天我国还没有把诚信管理体系评价纳入到国家认证认可监管范围，但从评价与认证的共性和社会意义来看，诚信管理体系评价进入认证监管序列具有很大的研究价值，评价的非制约性、时效性和其存在的缺陷特性使国际上开始出现推行诚信管理体系认证的趋势。

国务院研究室综合司副司长陈文玲认为：认证认可是市场经济的运行基础，而诚信体系也是市场经济运行的基础，两者都在为市场经济运行提供规则和标准，功能上有很多相似之处。陕西出入境检验检疫局局长王彦魁也认为：诚信评价的结果是一种专用符号和表达，其实质就是认证；诚信评价的过程属于自愿性认证，其输出是信用产品，属于《认证认可条例》第十八条所界定的认证新领域。

原湖北省商检局副局长涂阳纯也认为：诚信评价与认证认可都产生于市场交易基础上，二者出发点都是为了规范市场秩序，其最终目标都是为了优化资源配置、提高国民经济运行质量。其次，诚信评价与认证认可指导原则相一致，在行业指导原则方面，都坚持“政府推动、市场运作、统一规划、社会参与”，在对执业机构的指导方面，都坚持“客观独立、公开公正和诚实信用”。诚信评价是一项新型的认证认可活动，两者概念相容、内涵相关、作

用一致，都属于第三方评定，都是一种中介活动，都是用于解决信息不对称的重要手段。

“评价”和“认证认可”以及“认定”没有本质上的区别，在国家质检总局第86号令（2006年发布）中也指出认定是一种评价和承认活动。

现阶段的诚信管理体系走第三方评价的程序是组织自愿行为，选择国内外机构也是自愿行为，但为了规范评价市场，提高社会公信力，营造诚信和谐的社会环境，避免评价过程新的失信行为产生，国家的相应监管部门的统一还是利大于弊的，认证是一种评价，评价在某种意义上讲也应该是一种认证。

如果诚信体系建设与评价纳入到认证认可范围的话对国民经济和社会发展的贡献应该是巨大的，实施与授权第三方评价以及监管第三方评价的部门完全可以是行业管理部门，如工信部。

7. 诚信为本是整合体系的运行主线，预防为主是控制的手段

诚信管理体系（CMS）与质量、环境、职业安全健康以及GMP、HACCP管理体系任何一个或多个体系整合的思路是：应确保在满足标准要求和组织实际管理需要及效果的前提下，投入尽可能少的资源，使用尽可能简捷的程序，形成尽可能简炼的文件，以达到相对更高的效率。这种整合的思路重点体现在诚信管理手册中。

（1）就近不就远

多体系整合，要确定其中一个为主线，从整体上尽量贴近这条主线来描述，所谓的近，就是组织的业务趋向哪个体系的管理对象，哪个就近。只要含有诚信管理体系的，以诚信管理体系为主线应该是最经济和最有效的。

（2）就简不就繁

这里的“简”包含两种含义：一种是指在理解其内含的基础上，对各项准则中的共有要素、共有要求能合即合。体系文件内涵不受表述语言不同的“干扰”最为重要，否则很容易形成“抄标准”的弊端。另一种是指系统地识别准则的要求，理清各要素要求之间的关系，体系整合既要保持充分，又要保证简洁。

（3）就多不就少

如果各项标准中各相对应的条款要求不尽相同，就存在某一标准的某一条款中的要求多于另一标准相对应条款的情况，只有“就多”才能保证体系的充分性，在操作上完全可以根据本组织的现状、职责划分、实施难度以及要求本身的性质等实际情况，在整合时确定是将这些“多”出的要求兼顾少的体系。

（4）就严不就宽

与“就多不就少”同理，“就严不就宽”用于多项标准相对应条款相同要求的具体尺度和细节。

总之，在两个体系或多体系整合时，应本着“通盘考虑、互相弥补、能合不分、简洁易懂”的原则，综合上述基本思路，确定一个关系清楚、便于理解、容易操作的体系结构。

8. 确定控制程序的数量时应考虑的问题

（1）准则的要求

不论组织规模大小、性质如何，建立程序的准则可以是相同的（将其中若干程序合并的除外）。

(2) 整合的要求

大致包括三种情况

① 通用要素程序。指在管理目的、对象和内容上不必进行细致区分，以完全相同的工作流程和控制条件即可满足要求的要素的程序，如内部核查程序。

② 差别明显的相对应要素的程序。指在管理目的、对象和内容上有明显不同，必须分别明确控制条件方可满足要求的要素的程序。这类要素，既可以设置一个程序解决问题，也可以设置两个或多个程序来满足要求，这要根据组织的性质、规模、要素和诚信威胁、失信风险的复杂程度等多方面情况而定。

③ 运行控制所需的程序。运行控制需要多少程序，要依方针的要求、因素重要信息识别、评价结果、目标、指标、管理方案的内容而定。作为整合体系，要本着通盘考虑、能合不分的原则，尽可能将相关两个方面的问题放在一个程序中控制。

(3) 其他应考虑的相关问题

体系的建立是系统工程，整合体系是更为复杂的系统工程。使整合体系能够全面满足充分性、适宜性和有效性的要求，需要长时间的探索。

9. 整合体系建立的步骤、方法

(1) 建立整合体系的步骤

整合型管理体系的建立必须在对两个及两个以上体系要素的认真分析基础上，精心策划，以 ISO 9000 为体系框架基础，以诚信管理体系为主线进行体系整合，从对组织的系统现状分析开始，采用过程方法，对体系的关注要点进行识别、分析、确定方案和实施控制等系列过程构成，以提高管理体系的整体有效性，进而提高经济效益、社会效益。

具体步骤如下：

① 统一思想

组织最高管理者必须首先统一组织思想，明确管理体系是组织优化管理环境、科学管理手段和战略发展的必要步骤，各层领导要积极配合，全体员工要积极参与。

② 成立整合体系领导小组和工作小组

a) 领导小组由最高管理者亲自担任组长，诚信负责人代表具体负责，小组职责是：

——做好整合型管理体系的策划；

——确定工作计划和战略规划；

——制定并发布一体化管理体系的方针和目标；

——确定各部门的职责和权限；

——审查并批准一体化管理体系文件；

——任命并授权体系负责人；

——配备一体化管理体系的建立、实施和持续改进所需的资源。

b) 工作小组，其职责为：

——严格执行经最高管理者批准的工作计划；

——组织并做好一体化管理体系的初评工作；

——在组织内进行全员培训教育；

——组织编写一体化管理体系文件；

——负责协调、监督、检查各部门在建立一体化管理体系工作中所分担的具体任务。

③ 整合型管理体系（或称一体化管理体系）的策划

建立一体化管理体系的关键是策划，可以说它是一体化管理体系的建立和有效实施的关键。策划可包括下列内容：

——管理现状的分析与识别；

——确定一体化管理体系的方针、目标和指标，确定战略目标；

——组织结构及岗位职责的优化；

——一体化管理体系的初评；

——文件体系的构成及编制；

——过程程序及管理方案的制定；

——培训课程的设计和实施；

——系统的试运行；

——内部核查及体系评价的进行；

——一体化管理体系的验证及改进。

④ 按计划进行课程设计和培训

不仅要培训管理体系标准，而且要在执行层对一体化文件进行针对性培训，使每个运行人员都能按照文件要求去做，而且不断地提高意识和能力。

⑤ 管理体系的初评

对一体化管理体系关注的因素和风险进行识别和评价工作，确定重要影响因素和薄弱环节，确定适用法律、法规和其他要求。必要时请认证机构或咨询机构做体系建立的初访。

⑥ 体系运行

按照文件要求，对重要诚信、质量、安全、环境等因素进行方案控制，对目标、指标和管理方案实施情况进行监督检查，对管理方案进行风险评估和确认，对存在的隐患风险进行检查纠正，对现行文件体系进行评价和修改。在整个运行过程期间紧紧围绕着提高体系整体有效性的目标，反复不断地进行检查纠正，发现的问题越多，整改的力度就越大，体系的运行有效性就会越高。

⑦ 异常、紧急情况下的应急准备及响应的演练

⑧ 内部核查和体系评价

在试运行期间最好进行 2 ~ 3 次内部核查，对发现的不合格、隐患要采取预防措施，使体系不断改进。内部核查时一定要严格、正式、不走过场，对事不对人。每次内部核查都要达到预期的效果，使体系不断完善。

体系评价会是组织一体化工作的关键，必须由最高管理者主持，必须对方针、目标、方案的实施情况进行评价；必须对一体化体系的适用性、充分性和有效性进行认真的评价，做出结论。体系评价会的整改措施要具有高度的指导性，不是就事论事，而是领导班子决定的大事，包括重大机构的变动，重要的人事变更，重要关注因素的变化，重大隐患的预防。

（2）建立整合体系的方法

① 一体化管理体系建立的最佳方法是同步推进，同步实施。在具体做法上表现为：

——建立统一的贯标领导机构，同时进行标准的宣贯及内部核查员的准备工作。

——初始状态评价同时进行，同步识别、评价体系关注因素。

——同时进行体系的策划与设计，实现统一管理方针制定；目标与管理方案兼容，达到风险预防与事故预防的有机融合。

——编制统一的管理手册和兼容统一的程序文件。

② 当一个体系已经建立，另一个体系整合进来时，就在原有的体系框架基础上，把新的体系要素补充进来，实现有机结合和有效控制。

附录　诚信管理体系基础知识

一、诚信的概念

1. 诚信概念

诚，即真诚、诚实，有一说一；

信，即守承诺、讲信用，说到做到。

诚信的基本含义是不诳无欺，守诺践约。通俗地表述就是实实在在做人，规规矩矩办事。诚信无欺，构成为人处事的根本道德标准。

在英文中“诚信”翻译作“credit”。

在 QB/T 4111—2010《食品工业企业诚信管理体系（CMS）建立及实施通用要求》中引用国际诚信组织标准的“credit”含义，解释“诚信”为：组织运行活动中，对承诺的履行与可信度的依存关系，包括了顾客、供方、相关方以及与他们之间的相互关系。偏重于诚信原则下的相互关系。

2. 诚信和信用的联系

信用，按照 GB/T 22117—2008《信用　基本术语》的解释：建立在信任基础上，不用立即付款或担保就可获得资金、物资或服务的能力，这种能力以在约定期限内偿还的承诺为条件。

可见 GB/T 22117 中的含义基本局限在金融经济领域，是一种借贷“能力”；在“注”里面解释为是一种诚信原则的“应用”。

广义讲，信用就是诚信。

在 2008 年中央文献出版社出版的《公务员信用知识读本》第 2 页是这样说的：“信用与诚信这两个概念经常互相替代”，可见两者没有明显差别。

诚信的概念在中国发展了几千年，“信用”名词的应用也较为普遍，可以看到它们只是不同场合、不同时期、不同范围内的一种基本相同意义下的称谓。

3. 诚信管理体系与传统信用评价体系的区别

（1）原动力不同

信用评价多为第三方的评价，评级结果常常因人和诸多因素而有差别，缺乏统一标准，企业动力表现多显不足；

诚信管理体系源自组织诚信品牌战略，源自竞争压力，源自组织社会责任与社会价值的体现，关乎组织命运和政府领导责任，是组织领导决策，靠的是组织自身建立起来的运行体系，全员参与，主动性和内在的动力更大，建立该体系过程时企业一般是积极和主动的。

（2）目的不同

信用评价结果一般是为了信用分类，给金融部门、税务部门或其他部门提供依据，实现分级管理；

诚信管理体系标准强调预防为主，旨在为组织规定有效的诚信管理体系要素，使这些要素可与其他管理要求相结合，建立诚信管理体系，持续改进组织的诚信绩效，帮助组织实现其诚信目标与经济目标，支持诚信保护和失信预防，协调它们与社会和经济需求的关系。

（3）用途不同

信用评级报告一般是为委托组织服务，为委托组织的决策提供依据。诚信管理体系信息是信用评价的主要依据。

诚信管理体系建设是一种自身诚信保障能力建设，预防失信风险，着重在识别失信风险基础上的精细化管理，体系评价结论或自我评价声明，可以在招投标中作为组织的资质之一进行提供，诚信管理体系本身和诚信品牌对组织的发展和竞争具有不可替代的战略意义。

（4）工作内容不同

信用评级没有要求企业建立体系的约束，是一种直接的评价，信息量较大，较难收集。

诚信管理体系评价审核包括了组织体系建立的初访，现场审核，还包括了社会征信与公示，信息客观，便于收集。

（5）体系监督力度不同

信用评价缺少动态的监督的手段。

诚信管理体系具有政府推动、社会监督、行业自律、企业主体参与的动态监管模式。而且，该体系具有自我改进机制，最新的法律法规和有关诚信标准要求将及时补充到体系中来。

二、诚信管理体系标准的产生

（一）国际诚信管理体系标准产生的背景

1. 国际诚信管理体系标准的产生

面对激烈的市场竞争，面对国际社会对组织诚信的需求，面对人与人之间的诚信危机，诚信服务的战略管理被摆在了重要地位。以诚信为本的管理理念深得人心，建立和运行其他管理体系的组织有必要建立诚信管理体系以提高管理平台。

诚信管埋体系标准是国际诚信管理合作性质的组织、国际诚信信用管理方面的协会以及类似“真品基金会”这样众多协会、商会、沙龙、基金会出现后而产生的，是为了约束自身会员并对相关组织进行考核约束的体系标准，是20世纪末建立在评价评级基础之上的产物，它的完善和被广泛利用是在成形的其他类管理体系成功运行的经验下发挥作用的，是传统他律要求向以自律为基础、以他律为手段的管理工具的转变。

信用管理技术在金融领域一般是保密的，不公开的，但是诚信管理体系是一种管理工具，不是一个技术工具，诚信类协会或组织基本是公开自己的理念和方法的，这就像自然规律一样是管理本身先进性所决定的。

协会或基金会、商会都有它的章程，有些要求和标准是公开的，带有一种公益性质。

2008年3月10日国际“打假”峰会在比利时首都布鲁塞尔召开，这次“打假”峰会由民间组织“真品基金会”主办。真品基金会的宗旨是：假货给人类生活带来不便，危害人类健康。欧盟委员会主席巴罗佐说，“买假货代价更大”。假货给人类带来恶劣影响，“实际上，这已不再是经济问题，更是一个关乎人众健康和消费者权益的问题。”

2008 年国际诚信合作组织制定并发布了 ICCO 26001：2008《诚信管理体系　要求及使用指南》，为国际间的企业诚信合作和互认建立了平台，奠定了基础。

为使各国组织之间加深相互了解，以有利于更广泛地开展贸易、技术与文化交流合作，相关的诚信管理组织鼓励未成立类似组织的国家建立类似的机构或协会，通过工作交流促进各国民间机构之间的经济交流。“统一诚信标准，建立公信平台，在完全尊重各成员之独立性，严格禁止因民族、种族、宗教信仰、个人特性（如残疾）等原因使成员受到歧视基础上，在不干涉别国内政，求同存异的诚信框架下，致力于包括贸易投资自由、经济技术合作在内的国际交流与发展，在更广泛的意义上鼓励全世界各经济、社会伙伴以诚信为基础开展成员间的对话和交流”是每一个国际诚信管理机构共同的愿望。

2. 国外诚信信用管理行业的管理现状和发展

世界著名的征信机构发祥于欧美发达国家，企业资信调查服务起源于 19 世纪的英国，消费者信用调查服务起源于 19 世纪的美国，资信评级服务也起源于美国的这个时期，赊销贸易和银贷业务催生了这个行业。美国的第一家个人征信局成立于 1890 年的纽约布鲁克林，第一个诚信行业协会 ACB 成立于 1906 年的美国，1917 年全球第一家诚信风险担保公司成立于德国，预示着信用管理行业服务分支的派生。

国际性行业组织也从 ACB 开始，初期的信用管理协会、商会、沙龙、合作组织等形式的非营利性机构纷纷成立，功能是为成员提供资信评价信息，实现信息共享。比如美国国际收账者协会，创立于 1939 年，为会员提供商账追讨服务和其他技术服务；国际信用协会初建于 1912 年，主要为会员提供信用管理人员培训、消费者培训等技术服务，呼吁国家建章立制，参与立法，1999 年被兼并。伯尔尼协会成立于 1934 年，是由几个国家信用保险机构发起成立的，国际保理商联合会 FCI 成立于 1968 年，国际保理业协会成立于 1999 年，其他民间机构有很多。由于意识形态的不同，国际民间组织都在做自己的事情，并不张扬，也比较开放，只要符合该机构的要求，愿意为会员服务的人士或组织均可加入，并有可能担任领导职务，尽服务义务，许多志愿者也在为这些机构服务。

信用专业的学历教育在国际上开展较早，一般包括了信用原理学、信用调查技术、征信数据处理、信用保理服务以及信用报告解读、信用预警等课程。随着国际管理大师亚当·斯密、杰夫·卡柏尼克罗、马克思·韦伯，特别是威廉·爱德华·戴明的管理理论出现后，引起了国际管理学的一次革命，现今的各大管理体系运行模式无不是建立在八项管理原则和戴明模式的基础上的，它是目前世界上最先进、最有效的成型体系模式，虽然后来又派生出许多精细化管理、流程再造等管理方法，但都是基于体系管理的基础上的细化管理，所以现在许多大学开展了这方面的课程学习。

目前国际上较为有名的诚信信用管理机构有：美国的邓百氏跨国征信公司、欧洲的格瑞顿公司、澳大利亚的 TCM 公司、美国的 NACM 个人征信局、德国的泊盖尔公司、Credireform 公司、英国的 BCM – UK 管理公司、瑞士的 Novinform 公司、法国的 Piguet 公司、意大利的 Lince 公司、西班牙的 InformUnion、葡萄牙的 MOPE、日本的 TSR 公司、新加坡 Datapool、中国香港的 DCS 和 AMA 公司、菲律宾的 CIBI、泰国 INRA、印度 GMA 和 AMSKUTZ、巴基斯坦 Maple 等；个人征信公司有英国的 Experyian，美国的 Equifax 和 Trans Union，日本的 CCB 公司、CIC 公司、KSC 公司以及后来组合的 CRIN 信用信息网络，这使得日本在个人征信系统有了一个新的更高平台。国际著名的资信评级公司有标准普尔公司、穆迪公司、惠誉公司、达夫公司、英国银信分析加拿大债券评级公司、日本债券研究所。其他信用衍生的服务公司有法国的 COFACE 信用保险公司，在中国上海成立的美国公司 AIG 公司。国际性质的综合类组织、协会有德国的 Schufa 组织、起源于奥地利的“1879 联合会”、日本的全国信用信息联合会、英国的 ICCO 组织以及美国的银行公会、信用报告协会。

3. 一些主要发展中国家在诚信管理建设方面的发展和具有的特点

发展中国家随着市场经济的成长，越来越感觉到市场经济要求的规律规则的重要性，失信的代价是巨大的，带来的后果影响是长远的，于是发展中国家开始纷纷建立本国的诚信体系和信用制度，发展的过程基本上是从金融信贷入手，因为这一行业特点决定了一抓就灵的效果性。所采用的技术手段多借鉴西方发达国家的经验。

印度、泰国的信用中介机构出现在 20 世纪 80 年代，以印度 CRISL 为代表，墨西哥在 1994 ~ 1995 年的金融风暴后加大了诚信立法的力度，1997 年菲律宾信用信息局分为两个独立的公司——PRSC 公司和信息公司。

发展中国家由于法律体系还不健全，相关诚信方面的规章制度相对缺乏，即使有些国家翻译引用了发达国家的信用标准，但没有跟上时代的潮流，而且非常简单，没有可以应用操作的意义。在此基础上一些发展中国家开始呼唤立法，用法律法规杜绝或减少新的不诚信的诞生，避免管理混乱的局面，比如斯里兰卡制定了《斯里兰卡信用信息局法案》，在本国设立了信用信息局，1999 年泰国起草了《信用局法案》，泰国银行家协会成立了信用局委员会。

从发展中国家诚信管理水平来看，发展中国家诚信管理现状具备以下特点：

（1）停留在金融银行领域进行信用管理的国家居多，这些机构大多是为银行服务的。

（2）中央银行在信用管理中发挥的作用最大。

（3）信用管理起点较低，没有结合当今国际先进的体系管理模式，对西方的成型经验照搬照抄，缺乏创新精神，实施效果较差。比如尼泊尔建立信用体系有 10 年之久，严重的失信现象非但没有改观，反而有愈演愈烈之势，这肯定是因为方法不对，没有找到问题的根源。

（4）缺乏战略考虑，缺乏系统性，缺乏实际操作体系标准。

（二）我国诚信管理体系产生的过程

1. 我国的征信服务业的出现

我国的征信服务可以追溯到 1932 年年初，中国第一家征信机构——中国征信所成立，它是由包括中国银行在内的三家商业银行共同组建，由章乃器先生担任第一任董事长。征信所的业务分为三块：企业历史与现状调查、经济金融情况调查和市场调查。

我国现代的信用服务机构大都是从国外机构分支产生，1988 年中国人民银行金融研究所在京举办的资信评级问题研讨会之后产生的，采用的技术基本是移植穆迪、标准普尔和惠誉几家机构的评级技术过来的，目前仍采用“三等九级制”评级级别。

国内几家大的征信机构业务仍以为银行服务为主，对企业、个人做一些资信调查。随着诚信危机的出现，失信风险远不止是金融领域，其他领域也很严重，所以从国家层面也意识到只有建立以道德为支撑、人权为基础、法律为保障的诚信管理体系，从组织机构、风险识别、失信控制以及信用评价的各个方面鼓励组织建立完善的诚信管理体系，实施中国的诚信战略才是解决诚信危机的出路。

2. 诚信体系建设的提出

诚信介于道德和法律之间，诚信体系是现行诚信原则下法律体系的补充，是公民道德体系的升华。

诚信管理是个系统工程。我们知道诚信管理缺失，会增加社会成本，然而诚信管理是个庞大的系统工程，需要各个方面的协调合作，包括政府立法与政策支持、公共信息披露、政府宏观调控、政府监督等；行业组织，包括行业指导与规范、企业间的共同约束、行业或企业联盟的诚信维权等；信用中介，主要包括资信调查、信用投放、商账管理等三个产业，从事信用调查、信用征集、信用认证评价、信用担保、信用咨询等经营活动；以企业为主，要建立自我控制、自我完善的内部诚信管理体系。诚信体系的建立是一个紧迫的、比较复杂的系统工程，要综合法律法规、思想观念、政府职能改革、经济秩序调整等方方面面因素，要有高科技的辅助。政府要为社会提供诚信管理环境，为社会提供准确、及时、全面、完整的公共信息产品，提供诚信制度保障，构建社会诚信基础。政府每出台一项政策，就意味着与社会立下一个约定，这个约定首先需要政府本身的遵守，保证政府遵守对社会契约的承诺。减少行政行为中的暗箱操作和主观性、随意性、片面性等失信行为，实现“阳光操作”，监督权力运行，形成公开、公平、公正的运行机制。政府部门要严格要求部门及其工作人员，坚决做到按规则办事、办事有章、言而有信，做诚信的模范。

在国外，诚信管理与经营已经发展成为一个具有知识经济时代特征的重要产业。西方发达国家的诚信管理已经从国家政府、国际诚信合作组织等行业协会、社会中介、企业、新闻媒体到个人等六个方面体系化、日常化了。国家负责健全诚信管理法规和整合管理体系，行业与企业都有自我约束与保护的诚信专管部门，社会中介机构随时提供诚信管理服务，无处不在的媒体曝光也让人不敢存有侥幸。以诚信管理体系为主题建立全面的管理体系，可以较好地建立诚信信息有序通道，最大可能地消除诚信信息不对称所造成的经济盲点，更好地利用诚信资源，更合理、更经济地配置市场资源，有利于信息资源的充分挖掘与综合利用。西方有些诚信管理体系标准和管理经验值得我们学习与借鉴。

国内的诚信体系研究开展得较为滞后，停留在信用研究的较多，目前还有许多课题在一些机构还未结题，有些行业针对自己行业特点制定信用指标体系，但有的指标并不好掌握，比如在进出口企业质量信用评价关键技术研究中，研究人员就感觉到质量信用评价等级标准难以确定、指标难以量化，因为国家一部《产品质量法》就约束了企业质量，再到质量里面找诚信或信用指标确实比较困难，因为在质量上不诚信，就违背了质量相关法律法规的要求。同时该体系把企业按质量信用评价等级说明进行分类，分为一、二……五类企业，对评价要求分析来说，企业产品合格是必须的，除此之外的几个要求与质量并无关系，比如营利性、国家免检称号（已经取消）等。这样把诚信体系限定在质量的诚信上，并无实际意义。

诚信体系建设是一个全新的社会课题。

历年来，中央政府对于诚信的公民道德教育都非常重视。特别是近几年，“诚信危机”的提法也越来越多。两会期间人大代表和政协委员对“诚信立法”的呼声、中央治理商业贿赂的开展、监察部的成立都为中国的诚信体系建设起到了积极推动作用。早在 1999 年就有企业家黄闻云给时任总理的朱镕基写信，提出了市场经济下的诚信危机。2000年春的“两会”期间，也有政协委员童石军、贾亦斌等人提出了“关于建立国家信用管理体系”的五项方案。2003年9月，温家宝总理对上海市的社会诚信管理体系建设给予了充分肯定。2007年1月18日，为共同抵制和严惩科研不端行为，科技部、教育部、中国科学院等六部门建立了科研诚信建设部门联席会议制度。国办发［2007］17号文件也对社会信用体系建设提出了若干意见。2008年年初的两会期间，天津电视台直播了“两会”代表多位同志就诚信体系建设话题的采访。2009年3月5日“诚信体系”第一次写进了国务院《政府工作报告》，之后2010年和2011年“诚信体系建设”均成为国务院《政府工作报告》中一项重要内容。

3. 我国食品工业企业诚信管理现状

食品安全是一个世界范围的广泛性问题，而食源性疾病被公认为是最突出的食品安全问题。与其他国家一样，由微生物污染引起的食物中毒和其他食源性疾病仍是威胁我国人民身体健康的主要问题之一。但近年来我国连续发生的多起严重的食品安全事件让人们认识到，我们当前面临的食品安全问题与以往不同。

针对敌敌畏火腿事件（2003年），阜阳奶粉事件（2004年），苏丹红事件（2005年），多宝鱼孔雀石绿事件（2006年），输美宠物饲料三聚氰胺事件（2007年）等一系列食品安全事件，2007年，党中央、国务院在全国范围内开展了声势浩大的食品安全专项整治行动。专项整治行动刚刚结束，又接连发生了输日“毒饺子”事件、三鹿婴幼儿奶粉事件、浙江某乳品违法添加皮革水解蛋白粉事件、瘦肉精事件。“重拳之下，事故频发”的根本原因，不光是传统意义上的食品生产、加工、流通环节卫生控制不当和环境污染等所致，大多属于人为事件，两者的起因有着很大差别。我们把这些因人为故意污染和蓄意破坏而引起的食品安全问题称为“非传统食品安全问题”。

（1）非传统食品安全问题产生的原因

① 企业追求不正当商业利益，采用一切可能手段降低成本，形成“行业潜规则”；

② 企业为提高市场占有率，对同行产品进行人为破坏等恶性商业竞争行为；

③ 员工抱怨社会“不公”或劳资关系紧张等原因恶意报复，污染食品；

④ 人为制造食品安全恐怖事件。

（2）非传统食品安全问题的特点

① 不可预测性。经过长期实践，传统的食品安全危害可通过分析产品类型和生产加工过程进行预测，针对性地采取预防和控制措施将危害消除或降低到可接受水平，这是国际通行的食品安全控制方法——危害分析与关键控制点（HACCP）理论和实践基础。食品遭到人为故意污染和蓄意破坏，其起因、时间、地点、方式、污染物质和危害程度等往往是事先没有被认识，因此很难被预见。

② 防控的艰巨性。由于非传统食品安全问题难于预见，现行的食品安全控制体系频频失效，应对多是亡羊补牢，这是我们搞了那么多行动，采取了那么多措施，而食品安全问题仍然层出不穷的主要原因。从事食品安全监管工作多年的同志感叹，干了几十年食品安全工作，现在不知道该怎么干了。

③ 影响的广泛性。三鹿奶粉等事件，已经证明是一个带有系统性、连续性和行业性的问

题，在国内外产生了恶劣的政治和社会影响，直接导致大批进口国对我国乳制品以及相关产品采取措施。

4. 非传统食品安全问题的解决

（1）启动食品工业企业诚信体系建设

为贯彻中央经济工作会议精神和《食品安全法》以及《食品安全法实施条例》，落实国务院印发的《轻工业调整和振兴规划》和《国务院办公厅关于印发食品安全整顿工作方案的通知》部署，工信部会同发展改革委、监察部、农业部、商务部、卫生部、人民银行、工商总局、质检总局、食品药品监管局等10部门于2009年12月正式发布《食品工业企业诚信体系建设工作指导意见》(以下简称《指导意见》)。《指导意见》作为今后一个时期指导各地政府主管部门、行业组织和食品企业开展诚信建设工作的指导性文件，确立了食品工业企业诚信体系建设工作指导思想、基本原则、工作目标和主要任务。《指导意见》的发布将会对我国食品工业企业诚信体系建设起到积极的推动作用。

（2）企业建立诚信管理体系

落实企业主体责任，加强企业内部诚信管理。企业是诚信体系建设的主体。树立诚信意识，培育以“合法经营、诚实守信”为核心的企业诚信文化。要制度先行，建立企业内部诚信管理体系。以确保质量安全、防范失信风险为重点，结合已有管理体系的实施，建立健全从原（辅）料管理、技术创新、产品研发、加工制造、储运销售、质量追溯到责任追究的全员、全过程、全方位的内部诚信管理制度。形成组织实施、自查自纠、改进完善的企业诚信管理体系运行机制，持续提升企业诚信能力和管理水平。要践行企业诚信，履行质量安全责任。通过实施企业诚信管理体系，完善企业管理，保障产品质量，满足消费需求，履行企业质量安全责任。

（3）行业实现诚信自律

行业协会组织开展诚信培训，指导企业建立诚信制度、实施国家标准，组织企业参与诚信评价活动，加强行业质量诚信宣传。

（4）全民诚信教育与宣传

《公民道德建设实施纲要》颁布以来，以诚信为本的道德教育成为一项系统工程，通过宣传教育，提高全民诚信意识尤为重要。必须综合运用各种宣传教育手段，把提倡与反对、引导与约束结合起来，培养文明诚信行为，抵制失信现象，促进守信为荣、失信为耻的社会风气的形成、巩固和发展。

（5）加大监管力度

《食品安全法》及《食品安全法实施条例》的颁布，明确了各监管部门的责任，只有加大监管力度，确保食品安全，才能提升政府公信力。完善社会监督机制，发布食品工业企业诚信评价年度报告，将企业诚信信息纳入公众监督和相关产业引导政策中，强化企业内部管理、保障产品质量、增强市场竞争力、实现持续健康发展。该项工作的开展，必须充分发挥各部门优势，正如工信部前部长李毅中所说：加强质量诚信建设是系统工程，需要发挥政府、协会、企业、消费者和社会各界的作用，大力协同，形成合力。

（6）认证认可能够发挥的作用

食品是一种典型的具有信息不对称性、专业性和社会公共物品属性的商品，因此，刺激竞争、优胜劣汰的市场机制在食品行业发挥不了作用，三鹿奶粉事件就是一个典型的案例。对食品和生产食品的管理体系实施产品和体系认证，是减少食品生产者和消费者、采购商之间信息不对称的一种手段；认证认可建立在专业标准基础上，能够指导企业建立符合要求的生产管理体系，帮助在消费者中普及基本的食品安全知识；食品是民生必须品，认证认可结果因其中立性和权威性，可为政府部门采信，作为相关指导和扶持政策的参考依据。2009年，国家认监委与工信部、黑龙江省政府决定联合在黑龙江省开展乳制品生产企业GMP、HACCP认证试点，探索通过帮助企业建立实施以GMP、HACCP为基础的诚信管理体系，提升黑龙江省乳制品企业质量安全保障能力，其目的是希望通过认证认可方式，为解决非传统食品安全问题提供一种切实可行的手段。

5. 国务院有关部门对食品安全和诚信体系建设采取的措施

2008年“婴幼儿乳粉”事件发生后，国务院领导多次作出重要批示，要求从立法、监管、诚信等各个环节入手，系统而有序地解决食品安全问题。在《食品安全法》及其实施条例、《轻工业调整和振兴规划》中，明确提出要建立生产者诚信体系。2009年以来，国务院有关乳制品专项整顿、食品安全整顿的会议和多个文件中都明确提出工信部要会同有关部门大力推进食品工业企业诚信体系建设。在国务院食品安全委员会办公室指导和地方政府的积极支持下，经过相关部门和相关企业的共同努力，食品工业企业诚信体系建设工作稳步推进，有序开展：一是在2009年国务院10部门联合印发《食品工业企业诚信体系建设工作指导意见》基础上，工信部与国家发改委、科技部、财政部、人力资源和社会保障部、农业部、商务部、卫生部、人民银行、工商总局、质检总局、食品药品监管局、国家认监委、中国轻工业联合会、中国食品工业协会等15部门（单位）建立了部门联席会议制度，形成了协同指导和推动诚信体系建设落实的工作新机制；制定并下发了《食品工业企业诚信体系建设工作实施方案（2010~2012年）》，二是围绕突出诚信理念，量化诚信行为，强化诚信制度，保证质量安全，组织制定并发布了QB/T 4111—2010《食品工业企业诚信管理体系（CMS）建立及实施通用要求》和QB/T 4112—2010《食品工业企业诚信评价准则》两个诚信建设行业标准，组织编写了乳制品生产企业和肉类食品生产企业实施指南培训教材并开展标准宣贯和管理体系培训工作。三是选择黑龙江省乳制品行业、河南省肉类加工行业作为第一批诚信建设试点省份和试点行业进行试点推动，为在全国范围内开展食品工业企业诚信体系建设工作提供了重要的经验和借鉴。四是在督促企业抓管理制度建设的同时，针对食品企业生产工艺装备和检测条件存在的薄弱环节，在粮油加工、肉制品加工、乳制品加工、食品添加剂、饮料制造、罐头加工、酿酒制造、发酵制品、焙烤食品、制糖加工、水产加工等12个行业安排企业技术改造项目，重点支持企业设备更新、产品质量检测、质量可追溯体系建设等配套硬件条件的改善，五是为营造食品企业诚信建设社会舆论氛围，工信部邀请中央电视台、新华社和经济日报等主流媒体对黑龙江和河南两省食品工业企业诚信体系建设试点启动大会进行了报道；组织中国工业报和中国食品质量报对食品诚信建设主题进行了系列报道及企业诚信专题报道；利用“2010年国际食品安全论坛”、“第二届（2010）食品安全高层论坛”、“诚信兴商”新闻发布会和我部门户网站等平台，开展诚信建设相关宣传；组织黑龙江和河南两省工信部门在地方媒体开展多次专题宣传。

保障食品安全是实现国家“十二五”目标任务的重要基础和有力支撑。近年来，各地方、各部门认真贯彻落实党中央、国务院关于做好食品安全工作的一系列决策、部署，经过共同努力，我国食品安全形势总体稳定并趋于好转，但也应清醒地看到，我国食品安全还存在一些比较突出的问题，一些食品安全事件还时有发生，去年发生的多起问题乳粉案件及近期出现的“瘦肉精”事件，再次敲响了食品安全警钟。特别是婴幼儿乳粉，社会关注程度更高，存在的问题也比较突出。

为巩固食品安全整顿成果，保障广大人民群众的利益，近期，国务院办公厅印发了《2011 年食品安全重点工作安排》，要求突出抓好包括婴幼儿乳粉在内的重点食品品种的综合治理，把加快推进食品企业诚信体系建设作为提升企业食品安全管理能力的一项重要工作。为做好贯彻落实，工信部印发了《2011 年食品工业企业诚信体系建设工作实施方案》，明确了 2011 年推进食品工业诚信体系建设的总体目标：按照“全面铺开、选择重点、稳步推进”的原则，在全国食品行业加快推进企业诚信体系建设，在乳制品、肉类食品行业开展诚信试点的基础上，进一步扩大试点到调味品、葡萄酒、罐头和饮料行业企业。

三、诚信管理体系标准基本框架与特征

（一）诚信管理体系的特征

各有关诚信管理体系标准一般由前言、引言和标准内容构成，标准内容部分可以分为：基础知识部分和体系要求部分。

基础知识部分包括：范围、规范性引用文件、术语和定义，是对诚信管理体系所应用的范围、适合的组织类别和引用到的标准术语所做的说明和解释。

体系要求部分一般遵循 PDCA 运行原则，框架思路为：以相关方为关注焦点，以目标指标为核心，通过诚信因素的识别，通过对法律法规、社会责任等的要求，制定相应的诚信管理制约方案；根据组织原则，资源配备和有关授权，实施治理方案；在实施诚信目标过程中进行必要的监督检查，发现问题，及时改进。

1. 诚信管理体系的内容

诚信管理体系是各类组织全面管理的重要内容之一，其关注焦点是组织的诚信意识培养、失信风险识别、诚信制度建设和诚信表现的奖惩机制，是一切其他管理体系的基础和保障，形成一系列的管理机制，其中包括：诚信教育机制、失信因素识别机制、企业内部诚信信息采集机制、自查自纠机制、诚信评价机制和失信惩戒机制。

企业诚信评价形式可分为：合规性评价、体系评价、征信评价。

诚信能力又包括了五因素：人员能力、基础能力、制度保障能力、诚信环境能力、诚信信息交流能力。

诚信监管方式包括：政府监管、行业自律、社会监督、企业履责。

诚信管理体系的提出填补了国内没有体系标准的空白，开创了一项内部建立诚信机制的零的突破。

该体系基于策划→实施→检查→改进（PDCA）的运行模式，符合诚信管理体系的建立及实施要求，包括了七大过程：方针制定→体系策划→体系运行→体系检查→体系评价→体系征信→体系改进。

2. 诚信管理体系准则的核心价值

世界上目前有上百家关于诚信管理的国际机构或民间团体，它们的诚信管理体系标准宗旨概括起来都有以下特点：帮助各类组织为了证明自己能向社会持续提供合格的产品和服务能力，并具有良好的诚信保障能力而采用的一种综合有效的管理方式。

目前比较先进的管理方式采用了常用的过程方法，适用PDCA循环和八项管理原则，为了实现组织的诚信管理方针、承诺目标和指标，并且还有几个核心价值：

（1）领导的战略性思维

战略是组织管理的最高点，是决定组织生命期限和生命质量的组织之魂。

组织的高层领导要具有独到的眼光，战略性的思维。以诚信为本的战略应用因领导的个性差异而有不同的结果，重要的战略策划和运行绩效改进离不开领导的参与。

（2）组织和员工个人的学习

学习型组织是现代化组织的重要特征。学习能提高组织、员工的道德水准、法律意识和业务能力。诚信意识不仅靠制度长期约束，还要靠不断学习和培养。

（3）和谐的内部环境

领导与员工之间、员工与员工之间、部门与部门之间的互相尊重支持、有效沟通、营造和谐的工作环境是诚信组织的必要条件，和谐的内部环境也能有效地激发大家的创新精神和上进心。和谐的内部环境是组织诚信对外的基础。

（4）敏捷性和执行力

诚信的品牌需要长时间的积累与沉淀，一旦失信，影响是难以消除的，甚至有时能给组织带来致命的打击，所以组织要培养团体和个人的敏捷性和执行力，对事物反应敏捷，处理及时恰当，组织的执行力反映了组织能力。执行力也是组织政策的推动力，直接影响着目标结果和效率。

（5）社会责任

承担社会责任，回馈社会是企业家、组织领导的功德义务，是树立组织良好形象的表现，是崇尚文明的民族精神，是营造同行业诚信环境的实践和榜样。

（6）诚信文化

以诚信管理方针为核心的组织诚信文化建设是组织产生凝聚力的源泉，是组织永续发展的动力。

中华文明五千年，诚信文化源远流长，但在文化的继承发展过程中有一段时间是比较忽略的。在诚信行政文化、诚信企业文化和诚信社区文化建设过程中应该从以下三个方面加强：道德自律、制度建设和文化传播。传播中国文化，延展中国龙脉需要国际社会载体，需要民间力量。

3. 诚信管理体系的应用具有以下几个特点

（1）体系的全局性

失信的风险性由不得组织掉以轻心，任何一个环节出现纰漏，都将会造成失信影响，所以具有全局观念，是充分发挥管理体系整体功能、系统原则的具体体现。管理过程的任何一个组成部分的活动都会影响其他要素，甚至会影响到体系整体功能的发挥和组织目标的实现，因此，每位管理者都应能够在错综复杂的关系中把握住整体和全局，恰当地处理好整体与局部的关系，从整体上把握系统诚信管理体系运行的规律，对关键问题进行系统分析，并采取相应措施实现组织目标。

（2）资源的组合性

体系要素之间有着相互联系和逻辑关系，合理组合在管理体系整体功能发挥中起着重要的作用。现代化管理要求管理者必须根据其面临的不同环境、不同任务，适时、恰当地进行结构调整，对资源或要素进行科学地配置，从而充分发挥资源组合的优势功能。

（3）体系的整合性

诚信管理体系标准共性要素，参考了 ISO 9001 质量管理体系、ISO 14001 环境管理体系、OHSAS 18001 职业健康安全管理体系的标准术语，采用了成型的过程方法，因此，对各类体系均有融合性，又由于诚信管理体系是现有信用体系的发展，是一种战略方法，它的宽泛包容性是成型金融信用体系的补充，是企业信用体系的拓展和延伸，以诚信管理体系为母本的整合体系给各类组织提供了方便。

（二）诚信管理体系标准的基本框架

1. 前言说明

前言部分是叙述标准的归口单位，起草单位和主要起草人。

前言部分还强调组织选择诚信体系建设标准，就是选择了参与、社会责任和自我约束。

2. 引言部分

引言部分一般介绍《诚信管理体系（CMS）建立及实施通用要求》本身的特性和运行模式。

（1）诚信管理体系运行过程中的有关要求

① 遵法守约是基础

遵守法律法规、履行约定承诺是诚信管理体系最基本的要求，诚信管理体系还需要具备规范化的管理，可靠的质量保证、服务意识以及社会责任意识。

② 诚信管理体系的精神实质

诚信管理体系的精神实质是管理，不是单纯评价；是要求组织在各个层次上建立诚信目标和诚信控制措施，主动的关注诚信绩效带来的益处，促进诚信管理体系的良性循环，形成诚信的社区环境，影响相关方达到促进社会诚信环境的目的。

（2）诚信管理体系涉及的问题

诚信管理体系在建立和运行过程中，无论是内部的约束机制还是第三方的评价过程，都涉及一个诚信技术问题，诚信技术是一门边缘科学，是各国都在研究的课题，西方国家有一些比较成型的技术方法我们可以借鉴，比如：诚信因素列表技术、信用修复技术、失信风险预警技术、信用风险缓释技术等，这些技术在金融领域运用得比较娴熟，在广泛的诚信机制建设中我们只能参考，不能照抄，因为各类组织建立的诚信体系的基础不同，诚信管理技术也有很大差别。

3. CMS 的运行模式

诚信管理体系的缩写是 CMS，CMS 的运行模式和国际许多管理体系运行模式都是基于 PDCA 的循环过程，PDCA 又称为戴明模式，见附图 1。

威廉·爱德华·戴明（Dr. W. Edwards Deming，1900～1993），世界著名的质量管理专

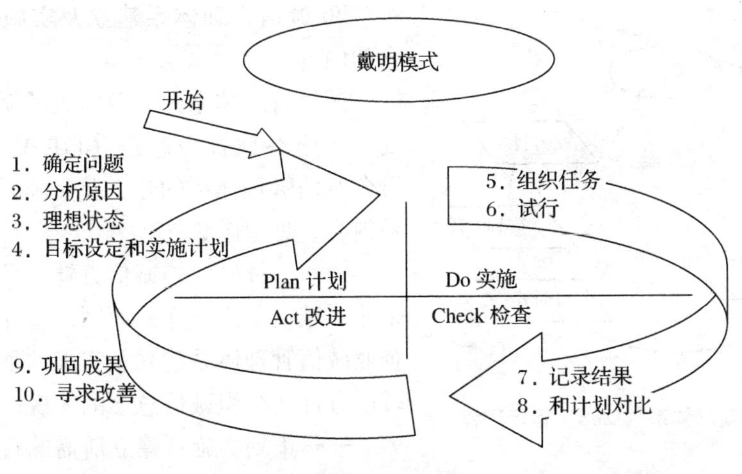

附图 1　戴明循环图

家，生于 1900 年 10 月 14 日。PDCA 循环理论可以存在于所有领域，既可以应用于人们的专业工作，也可以应用于日常生活，它被人们持续地、正式或非正式地、有意识或下意识地使用于自己所做的每件事和每项活动中，诚信管理体系的建立和运行也遵循这一模式。

（1）诚信管理体系 PDCA 循环

PDCA 循环是现场诚信保证体系运行的基本方式，它反映了不断提高质量应遵循的科学程序。经过实践证明，这一模式适用于其他体系和人们的日常生活，成为一个成型模式，为各类组织所成功引用。该管理模式的主要步骤包含四个阶段、七项内容和八个步骤。

① 四个阶段

P：计划（Plan）。在开始进行经营的时候，首先要进行的工作是计划。计划包括制定组织使命策划、产品定位、诚信承诺、质量目标、市场定位、诚信战略、活动计划、管理项目和措施方案。计划阶段需要评价组织目前的流程科学性，收集流程过程中出现的问题点；追踪目前的运行效果和工作效率；根据搜集到的资料，进行分析并制定初步的解决方案，提交组织高层批准。

D：实施（Do）。在实施阶段，就是将制定的计划和措施，组织进行具体的实施和执行。将初步解决方案提交给组织高层进行讨论，在得到组织高层的批准之后，由组织提供必要的资金和资源来支持计划的实施。

C：检查（Check）。第三阶段是检查，就是将执行的结果与预定目标进行对比，检查计划的执行情况，看是否达到了预期的效果。按照检查的结果，来验证诚信管理体系的运作是否按照原来的标准进行，或者原来的标准规范是否合理等。

工作流程按照组织规范运作后，分析所得到的检查结果，寻找程序本身是否存在偏差。如果发生偏差现象，重新策划，重新执行。这样，通过暂时性管理过程的实施，检验方案的有效性，进而提高运行机制有效的部分。

A：改进（Act）。第四阶段是改进。对总结的检查结果进行处置，成功的经验加以肯定，并予以标准化或制定作业指导书，便于以后工作顺利开展；对于失败的教训也要总结。对于没有解决的问题，应提到下一个 PDCA 循环中去解决。

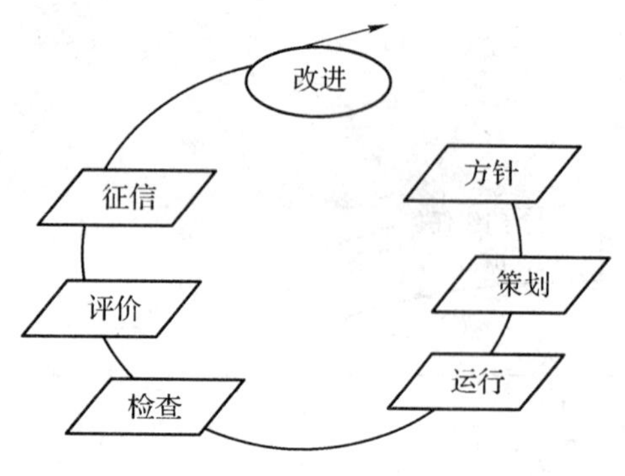

附图2　诚信管理体系（CMS）运行过程

② 诚信管理体系建立及实施的循环过程包含的内容

诚信管理体系建立及实施的循环过程基于策划→实施→检查→改进（PDCA）的运行模式，符合诚信管理体系的建立及实施要求，包括了七项内容，见附图2。

——方针制定：诚信方针，是一个食品生产企业对诚信承诺遵守的原则，指导一个食品生产企业诚信管理体系建立及实施的整个过程，制定诚信方针使组织诚信意愿的体现；

——策划实施：建立所需的目标和过程，以实现食品生产企业的诚信方针所期望的结果；

——运行控制：对策划结果予以实施运行；

——内部检查：根据诚信方针、目标、指标以及法律法规和其他要求，对运行过程进行监测和测量，并报告其结果；

——体系评价：包括了食品生产企业建立及实施诚信管理体系过程中的自我评价、合规性评价和体系评价；

——社会征信：验证诚信管理体系运行有效性的方法之一；

——体系改进：采取措施，以持续改进诚信管理体系的绩效。

③ 诚信管理模式的八个步骤

第一，分析现状，识别诚信因素。通过现状的分析，确定影响诚信的因素。包括对诚信品牌有益的因素和失信的因素，一般通过列表方法加以识别。

第二，评价失信风险。在所搜集到的资料的基础上，分析产生失信问题的各种原因或影响因素，确定出重大失信风险，对诚信品牌有益的诚信影响在此不再赘述。

第三，提炼失信主因。从各种原因中找出影响诚信的主要原因。

第四，制定控制计划，控制失信风险。针对影响诚信的主要原因，制定控制方案，并具体落实到执行者。

第五，规范组织机构，分清职责，按计划实施运行。

第六，运行检查，包括了日常工作规范性检查和内部核查。

第七，采取有效措施，处置检查、核查结果中出现的不符合。

第八，总结经验教训，估计成绩，找出差距。把成功的经验肯定下来；把差错记录在案，作为鉴戒，防止今后再度发生，将遗留问题转入下一个管理循环，作为下一阶段的管理目标。

（2）PDCA循环的特点

PDCA循环有如下两个特点：

① 大环带小环。如果把整个组织的工作作为一个大的PDCA循环，那么各个部门、小组还有各自小的PDCA循环，就像一个行星轮系一样，大环带动小环，一级带一级，有机地构成一个运转的体系。见附图3。

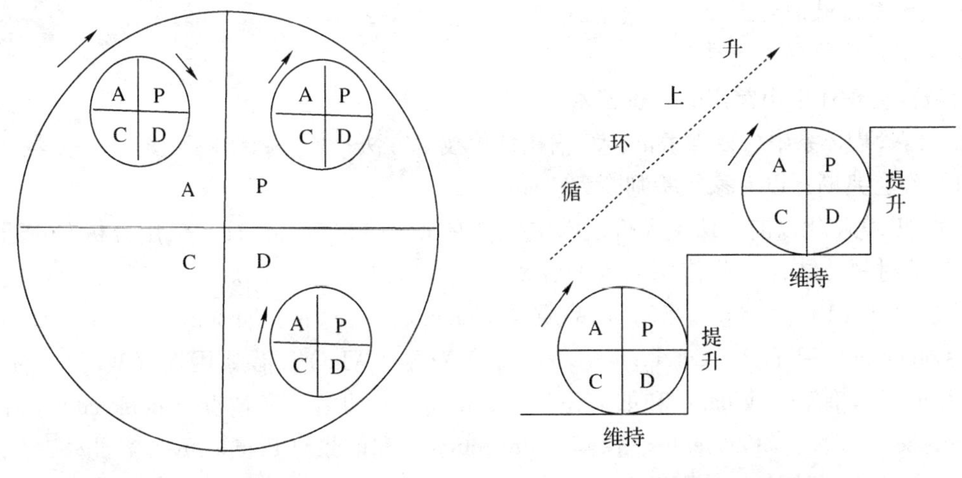

附图 3　大循环套小循环　　　　附图 4　阶梯式上升

应当指出，PDCA 循环中的 A 是关键环节。若没有此环节，已取得的成果就无法巩固（防止问题再发生），人们的诚信意识就可能没有明显提高，也提不出上一个 PDCA。所以，应特别关注 A 阶段。

② 阶梯式上升。PDCA 循环不是在同一水平上循环的，每循环一次，就解决一部分问题，取得一部分成果，工作就前进一步，水平就提高一步，诚信的工作就又扎实了一些，到了下一次循环，又有了新的目标和内容，更上一层楼。附图 4 表示了这个阶梯式上升的过程。

4. 组织采用诚信管理体系标准的形式及建议

（1）组织采用诚信管理体系标准的形式

① 自愿主动式。组织领导层主动要求建立、实施和保持诚信管理体系，把诚信管理体系当成了一种社会责任的要求，是自我价值的体现。

② 自我宣称式。采用标准，自身建立诚信管理体系，形成自我声明。

③ 相关方确认式。有顾客、供方以及社会相关方委托认证或组织对其所建立的诚信管理体系进行的评价，取得相关方的认可确认。

④ 第三方评价式。由权威的第三方评价组织对申请组织的审核和社会评议进行综合判定，确定是否符合有关诚信标准。当达到标准要求时，由第三方向社会公告，评价证书可以作为组织的自我声明、招投标以及向相关方展示自身诚信的依据，以获得最大的竞争力和综合效益。

（2）要点实施建议

① 识别组织建立诚信管理体系的目的和要求，客观地在组织中建立诚信管理体系。

② 确定组织的诚信管理体系覆盖范围，诚信管理体系覆盖范围是有约束的。诚信管理体系的范围最终由组织最高管理层确定。

③ 诚信管理体系的建立、实施和运行是要解决实际问题的，是能给组织带来利益的，是要宣传和对周围社区环境施加影响的。

④ 评价承诺的可行性。

⑤ 实施推广诚信意识或品牌战略。

⑥ 确定、保留有关记录。

5. 诚信管理体系中常用的评价技术

在诚信管理体系中可以参考的传统信用评价技术方法：

（1）经验判断：以专家经验判断为特征

20 世纪 50 年代以前，信用评价技术主要以专家经验判断为特征。信用分析专家通过阅读客户申请材料并结合一些信用要素的分析，然后作出信用评价决策。应用最为普遍的是 5C、5W、5P 法（Lvn，2000）。5C，即品质（Character）、能力（Capacity）、资本（Capital）、担保（Collateral）和环境（Condition）。5W 即借款人（Who）、借款用途（Why）、还款期限（When）、担保物（What）和如何还款（How）。5P 即借款人情况（Personal）、借款目的（Purpose）、偿还（Payment）、保障（Protection）和前景（Perspective）。此外，原先用于医学、生物学领域的生存分析方法（Survival Analysis，SA）也于 1984 年引入信用评价领域。

（2）系统综合：计算机辅助的综合性信用评价

基于数学方法假设条件等局限或实际应用计算的复杂性，信用评价技术的发展从 20 世纪 90 年代开始即进入一个基于人工智能、计算机技术和系统技术的新的创新时期。一批新的综合性的信用评价方法先后出现。

它的分析是基于当前被观察信息并由此计算出被评价对象的信用得分。因此，它开创了信用评价的新视角。

（3）国外诚信评价主要技术研究

① 单变量统计方法

USM 是第一类被用于判别公司信用健康与不健康的统计模型。为了提高预测的准确性，此后不同的多变量方法（包括 DA）相继出现。

② 判别式分析法

DA 属于多变量统计方法，分为线性判别式模型（Z - Score 模型）和二次判别式模型（Zeta 模型），均由 Altman 分别于 1968 和 1977 年提出。DA 被大量用于开发能够预测公司经营失败的模型研究中。

虽然 DA 有着较高的判别准确率和使用上的方便性，但由于其变量数据的正态分布、各组等协方差以及已知每组均值向量、协方差矩阵、判别先验概率、误判成本等假设条件使其应用明显受制而显露出其明显的不足。

③ 线性概率模型

LPM 的开发是由于 DA 的不足。它用概率对公司未来成败进行评价。Meyer 和 Pifer（1970）首次将 LPM 用于银行破产的预测。这种方法是普通最小二乘（OLS）回归的一个特例。DA 与 LPM 的假设并不相似，但两者得出的结论却完全相同。有些研究表明 LPM 比 DA 使用更为方便。

④ 非线性概率模型——Logit 和 Logit 分析模型

Probit 方法与 Logit 的差别主要在于概率的计算。与 Logit 相比较，Probit 在研究中应用比较少，其原因是 Probit 涉及非线性估计，计算起来更麻烦和复杂。

⑤ 递归分类法

RPA 是一种借助于计算机的非参数分类技术。使用这种技术必须先用公司样本及它们的财务特性数据、实际分类情况、先验概率或错判成本等创建一个二分分类树。分类树的每一个节点都有一个分类规则，这些规则通常都使用单个财务特性变量作分类指标，再根据这个财务指标错判成本最小时的临界值作为该节点分类标准。

⑥ 数学规划判别方法

Gupta et al.（1990）应用线性目标规划进行公司失败的问题研究。在系统描述组内公司与组间公司之间差别的基础上，该模型为每个公司确定一个评分并为组间判别设定一个临界值。

Gupta et al. 使用与 1968 年 Altman 在 DA 中相同的变量和若干行业公司的样本，样本数据取自于公司倒闭前的 1971 ~ 1986 年。结果表明 MPD 的判别效果优于 DAO - Bajgier，Hill（1982），Markowski（1987），Rubin（1990）的研究支持这一结论。此外，关于 MPD 的相关方法研究还有：绝对离差总和最小法，离差最大最小法（Freed，Glover，1981b），最小误分类数法（Bajgier，Hill 1982）。应用研究还有 Srinivasan 和 Kim（1988）将 IPD 用于授信分类等。

MPD 的主要优点是：克服了 DA 正态分布假设的限制。

⑦ 专家系统

人工智能的发展为专家系统 ES（Expert Systems）的开发提供了技术前提。ES 首先要借助于已知其类别（破产或非破产）并由一组品质指标（财务比率）所描述的样本公司。然后使用那些能够正确分类所有样本公司的品质指标建构一个判别系统。其每一步（变量与临界值的确定）依据对熵值的测定并以选择最小熵值为原则。于是依据该判别系统的一系列原则可导出一个决策树。该决策树与 RPA 决策树相似，因而 ES 决策也能用来解释公司失败与非失败的分类结果。Messier 和 Hansen（1988）用 23 家澳大利亚地产开发商（其中 8 家破产，15 家未破产）的样本开发了专家系统，并在这个小样本下获得了准确性令人鼓舞的分类结果。另外，通过访问有经验的决策者并将他们的知识经验综合成判断原则也常常被用于建构 ES。但 ES 的质量要受到信息数量和可靠性的影响。

⑧ 数据包分析

DEA 从本质上来说是一种非参数数学规划技术，是由 Charnes et al. 基于评估决策单位相对效率而开发的（1978）。

DEA 的主要优点是：以往的统计方法都需要有一个在先的样本组为以后的判别分类作参照，但 DEA 则使用当前实际样本数据导出代表最好状态的效率边界，并基此对样本的每个单位进行相对评估，在计算出效率边界后，再用数学算法计算出各单位相对效率得分，因此而不必借助于先前信息的参照。

⑨ 神经网络

神经网络（Neural Network，NNW）是从神经心理学和认识科学研究成果出发，应用数学方法发展起来的一种并行分布模式处理系统，具有高度并行计算能力、自学能力和容错能力。

四、诚信监管

企业诚信度以及企业建立的诚信管理体系存在许多监管层次，监管力度和监管方式直接

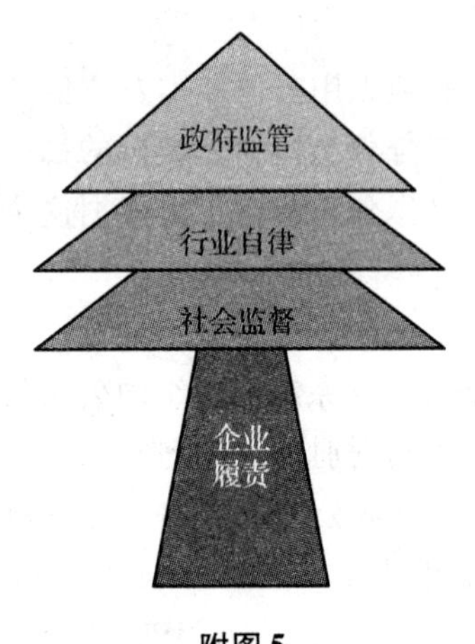

附图 5

影响着监管效果和社会诚信环境的形成。如附图 5 所示。

1. 政府监管

（1）国家出台的监管政策

从中央到国务院都非常重视诚信体系，正是由于诚信监管缺失，导致了某些食品药品出现安全事故和质量事故，在 2008 年年底中央经济工作会议上，胡锦涛总书记就指出了要加强质量监管力度，预防诚信危机和社会动荡。

在 2009 年《国务院工作报告》发表之后，针对诚信体系监管的各项制度开始建立，这些体现在国务院各部委的政策文件中，2009 年颁布的《食品安全法》就提出了诚信的要求，同时提出了食品安全责任的要求。从食品安全责任体系中，我们也能看出，该体系也同样适用于失信事件，适用于基层政府失信于民事件：政府负总责，监管部门各负其责，发生事故的单位是第一责任人。

（2）国务院相关部门的诚信监管政策

2009 年 6 月 16 日，国家工信部部长李毅中在主题为“铸质量诚信、树消费信心”的诚信论坛上发表讲话指出，加强诚信监管，规范企业行为。政府部门要依法加强监管，加大对企业诚实守信行为的监督和检查，严厉打击质量失信、假冒伪劣、坑蒙欺诈等不良和违法行为，规范企业市场行为。加强对重点行业工业产品质量的跟踪监测预警，建立工业产品质量评价报告发布制度。督促企业认真履行产品“三包”和缺陷产品召回等质量责任，兑现承诺、承担责任。

国家工商总局副局长王东峰在出席本次诚信论坛时也指出：依法监管流通领域诚信经营状况，实施企业信用分类管理、个体工商户分层分类监管和市场信用分类监管，着力提升企业和市场开办者的诚信经营水平；加快 12315 行政执法体系“四个平台”建设，建立健全与行业协会的情况通报和与新闻媒体的沟通协作制度，努力维护诚信经营和公平竞争的市场秩序，为促进经济社会科学、协调发展作出积极的贡献。

国家商务部开展诚信监管的力度也很大，在商务部整规办的基础上，成立了市场秩序司，专门负责监管市场诚信经营，处理整顿失信事件。

国家质检总局王勇局长在 2009 年 1 月 11 日的全国质量监督检验检疫工作会议上强调，国家质检总局将加快质量诚信体系建设，加大质量失信惩戒力度，严厉惩处失信行为。在 2009 年 6 月 16 日召开的 2009 质量诚信论坛上，王勇局长再一次指出：进一步建立和健全企业质量信用监管制度，加大激励和惩戒力度，把质量诚信体系的建设作为我们加强产品质量的基础工作，扎实有效地抓紧、抓实、抓好。曝光一批企业质量失信违法的行为，进一步营造良好的质量诚信和消费环境。以行业诚信推进全社会诚信意识的提高。

国家认证认可监督管理委员会也非常重视诚信体系建设，孙大伟主任在 2009 年 1 月 15 日的全国认证认可工作会议上的讲话中强调：“在认证认可行业中，强化诚信意识，完善诚信评价机制和信息发布机制”，“以行业诚信影响和带动社会诚信的确立”。

（3）整合资源，形成合力，成为国务院要求各部门形成协同机制，共同推进食品工业企业诚信体系建设的指导思想在食品工业企业开展诚信体系建设，探索食品工业企业诚信管理体系建立要求的一个主要原因是食品工业企业承担着人民生活水平提高和中国食品工业发展的重任，对国民经济发展起着重要的作用，对促进食品行业诚信环境的形成具有长远的社会意义，是政府各部门关注的重点。

《食品工业企业诚信体系建设工作指导意见》指出：建立统一、高效的部门协同工作机制。工信部会同国家发改委、监察部、农业部、商务部、卫生部、人民银行、工商总局、质检总局、食品药品监管局等部门，指导食品工业企业诚信体系建设工作，依法实施企业诚信信息征集和使用共享，加强食品安全监督管理。工信部指导和督促企业建立诚信管理制度体系，检查企业诚信制度实施。卫生、农业、工商、质检、食药监督管理主管部门完善监管信息体系，按照各自职责分工，依法组织实施食品安全监督管理。监察部门对政府部门推动食品工业企业诚信体系建设工作实施行政监督。

2. 行业自律

行业协会在统一、规范的诚信标准下，建立起符合自身特点的行业诚信自律机制，组织开展诚信培训，指导企业建立诚信制度、实施相关标准；组织企业参与诚信评价活动，加强行业质量诚信宣传，增强行业诚信自律基础。

3. 社会监督

（1）顾客监督

企业失信事件最先反映在顾客，顾客监管是最有效的监管。因此畅通企业与顾客之间的沟通渠道是解决诚信危机的有效途径。

二方评价审核，也是一种有效的监管方式。

（2）第三方评价监督

第三方评价是国际惯例，加强第三方诚信体系或诚信度级别评价，既是受评组织提高管理，弘扬诚信品牌的有力手段，也是社会对受评组织诚信监管的一种方法，中国已经开始从过去单一的信用评价转变到诚信体系建设中来，对诚信管理体系的评价是最基础、最有效的监管模式，评价结果可以被诚信级别评价机构或政府信息平台所采信。

（3）社区监督

处于一定相关范围内的社区居民和机构都有监管组织诚信的社会责任，因为不讲诚信为害一方的组织也直接或间接地危害着自身利益，比如制假窝点、污染大户都是大家的公敌。

4. 企业履责

《食品安全法》规定企业是食品安全的第一责任人。《食品工业企业诚信体系工作指导意见》明确要求企业履行主体责任。为此企业在整个经营活动中，应建立一套完整的内部诚信管理体系，并通过组织实施、自查自纠、改进完善、持续提升诚信能力和管理水平。

五、诚信体系监管模式的发展

（一）传统的监管模式

对诚信体系监管起源于金融银行业。为了防止银行呆账、坏账的出现，信贷部门对贷款企业实施信息调查和监管，银行借助信用担保中介机构或信用担保产品进行风险化解，然而事实证明，货币政策的宽松与吃紧在很大程度上受国家宏观调控掌握，这样金融部门对客户的诚信监管力度显得并不一致。现在大量热钱涌入楼市，使得房价再次创出历史新高，很大程度上是金融信贷政策放宽造成的。银行本身的诚信度以及保险业的诚信监管也并不完善，同样存在缺失问题，有些银行投资国外金融衍生品造成巨大亏空，不能不说是一个教训。

传统的诚信监管还体现在法律的制定上，无论是《合同法》还是《消费者权益保护法》，抑或《食品安全法》，都把市场、消费者以及其他部门对经营活动的诚信监管写入了法律条文，失信事件性质恶劣的，可以走司法程序。

信用评价在中国发展了十多年，然而依然没能从根本上解决中国诚信危机，从银行系统到其他行业的诚信评级，在受评组织没有体系建立基础的前提下进行评价，不仅起不到引导企业走向诚信之路，有时组织还为了骗到贷款而弄虚作假。但这些毕竟是阶段性产物，为了营造食品工业的诚信环境，我们大家还需一起为此作出努力。

（二）组织诚信管理体系评价的诞生与传统评价模式的结合

1. 诚信管理体系评价的诞生

如果组织诚信经营了，那么判定和评价组织诚信程度的依据和标准是什么？目前国际上通用的评价方式有：信用等级评价、信用报告制度，发展到今天有了诚信管理体系自我评价后的自我声明、诚信管理体系第三方评价证书。

国际诚信监管模式随着体系发展也在进步，我们都知道世界著名的征信机构发祥于欧美发达国家，企业资信调查服务起源于19世纪的英国，消费者信用调查服务起源于19世纪的美国，资信评级服务也起源于美国的这个时期，赊销贸易和银贷业务催生了这个行业。到了20世纪80年代初期，随着经济全球化进程的加快和科学技术的飞速发展，产品和服务的形式呈现复杂化和多样化，交易空间范围日益扩大，交易形式趋于多样性，加之组织和个人的信用状况查询在大多数国家不易实现，以上情况均可能导致交易过程中发生有意或无意的失信。随着市场经济的发展，越来越多的国际贸易的活跃，特别是在经济发达的西欧几个主要国家，向企业提供诚信服务的中介组织也开始增加，随着欧盟一体化进程的加速和1993年11月《马斯特里赫特条约》的正式生效，欧盟经济得到了快速发展，几个欧盟成员国的企业家们在雅典成立了维护自身经济发展、降低诚信风险的民间诚信合作组织，搭建成员间与客户的诚信信息共享平台，这就是国际诚信合作类组织的雏形。

组织是否诚信已成为交易的诚信壁垒，诚信壁垒使得组织难以提高交易效率，加重交易成本，甚至使交易难以开展。在这种情况下，类似的诚信信息共享的诚信合作组织、打假协会等民间组织得到了蓬勃发展，成为推动西方国家诚信体系建设的巨大力量。从20世纪末到21世纪初开始，诚信管理的民间机构开始走向国际联合，诚信管理体系标准也开始出现，诚信监管也成为了世界性共同关注的问题。

正如近几届人大、政协代表委员们呼吁的那样——“诚信立法！”诚信立法，谈何容易，因为诚信的范围太广，尺度不好掌握，所以好多诚信原则嵌入到法律法规中。

各类组织的诚信体系建设和诚信表现监管也在组织的各项规章制度中进行了规定，在多次的调研时，食品工业企业的负责人介绍说，我们平常的管理都有诚信的要求，只是没有形成系统，没有持久性，也不规范，随意性较大，如果把诚信管理形成体系，无疑是提升了管理平台。

诚信管理体系的建立，通过诚信方针和诚信目标、指标的确定，形成以组织诚信为核心的组织文化，通过对诚信管理制度如：客户资信管理制度、内部授信制度、债权保障制度、应收账款管理制度、合同管理制度、法律顾问制度、诚信风险控制制度、员工雇佣调查制度、诚信档案制度、反商业贿赂制度、员工职业道德和行为规范以及诚信评估考核制度等加强制约，通过组织合理设置，诚信负责人的任命，形成完整的运行与检测体系。

通过内部核查、体系评价、第三方评价审核等方式推动体系的持续发展。

2. 传统诚信度级别评价的发展

起源于金融领域的信用评级，今天在诚信度评价中得到了发展，我国质检部门也发布了有关质量信用等级评价的标准，现在一些食品协会也在此基础上规范自己的评价标准，开展诚信级别的评价。

在与时俱进的今天，在科学发展观的引领下，如果诚信级别评价能采信诚信管理体系评价结果，综合企业诚信意愿和诚信表现进行客观分析，将大大减轻社会劳动，降低企业管理成本，具有体现和维护企业诚信持续能力的重大意义。

（三）诚信管理体系的自我评价与第三方审核评价

食品工业企业提供的产品不同于其他消费品。个别企业为了自身生存和发展，在利益驱使下出现了掺杂使假以及其他不规范行为，对食品行业诚信度提出了严峻挑战。

食品工业是关系到国计民生的重要产业，如果出现了诚信问题，将直接影响到人民群众的身体健康，所以开展对食品工业企业的诚信管理体系建设和第三方评价是社会发展的趋势。

1. 评价目的

诚信管理体系评价的目的在于考核食品工业企业建立的诚信管理体系是否满足《食品工业企业诚信管理体系建立与实施要求》标准的条款内容和判定组织所建立的诚信管理体系是否已经满足组织自身的需要，体系运行是否有效，是否起到保护组织诚信绩效的作用，改进机制是否建立。

2. 评价原则

为确保审核评价的有效性和效率，应坚持审核的客观公正、独立严谨和系统规范三个重要原则。

3. 评价的作用

（1）失信免疫功能

检查组织 CMS 是否具备确保诚信经营的能力，对于申请组织来说，需要经过充分的准备与提升是组织提高诚信经营安全性的动力所在。

（2）形象宣传功能

获证组织可以在媒体上公开宣传其评价资格，以提高组织形象，得到市场和客户的认同。

（3）市场获利功能

评价资格可以向潜在的客户证实获证组织对诚信的承诺，从而为其带来更多的客户，扩大其市场份额。

获证组织还将能够在学生奶计划招标、经济交流以及政府监管政策以及分类管理上获得某种优势。

(4) 各方监管功能

获证组织必须接受来自评价机构的定期监督和动态的社会监督，以验证其CMS是否持续满足体系的要求，并得到不断的改进。

这种来自评价机构的定期监督和政府监管部门的动态监督，能促进申请组织诚信意识的提高和监管机制体制健全，减少质量事故和安全事故，降低责任风险，减少失信危害。

(5) 为诚信级别评价提供依据

诚信级别评价，其实就是诚信度评价，是对诚信能力、诚信意愿和诚信表现的综合评价。诚信管理体系评价为诚信级别评价提供了能力评价结果，减轻了诚信级别评价的重复劳动。

4. 评价方式

(1) 自我声明式

采用标准，自身建立诚信管理体系，并开展自我评价。评价结果形成自我声明。

该方式体现食品工业企业领导层主动评价意愿，把诚信管理体系当成了一种社会责任的要求，是一种自我价值的体现。

(2) 相关方确认式

有顾客、供方以及社会相关方委托认证或组织对食品工业企业所建立的诚信管理体系进行的评价，形成评价报告，取得相关方的认可确认。

(3) 第三方评价式

有权威的第三方评价组织对申请的食品工业企业进行审核和社会评议，经过综合判定，确认企业是否符合有关诚信管理体系标准要求。当达到标准要求时，由第三方向社会公告，评价证书可以作为组织的自我声明、招投标、国家政策倾斜以及向相关方展示自身诚信的依据，以获得最大的竞争力和综合效益。

5. 评价流程

(1) 受理申请

受理申请评价文件，初步判断组织诚信管理体系策划有效性。

组织自我评价时，也要对诚信体系文件进行评估。

(2) 现场审核

评价机构策划现场审核事宜，实施现场评价审核。

(3) 社会征信

评价小组或评价委员会组织专人对受评食品工业企业的诚信经营状况进行社会调查，征信信息作为现场评价结论的佐证或补充，除了对顾客进行抽样调查外，适用时还要对政府监管部门及相关方进行征信（包括税务、银行、商检、质检、商务、工商、审计、司法、劳动保障、环保、安全生产等部门）。

(4) 不符合整改

在审核评价（包括征信过程）中，发现的失信隐患或不合格项，要求受评组织在一定的时间内进行整改，并把整改结果的证据报给审核评价方。

（5）综合评价

由审核组报完整案卷到技术委员会后，技术委员会根据上报资料和其他信息资源，综合评价组织诚信体系建设情况，确定颁发证书事宜。

6. 评价方法

对受评方建立的诚信管理体系进行要素评价，评价方法可以采取千分制。

7. 评价过程

（1）审核组评价策划

审核组组长在对组织申请文件进行评价基础上，适时策划现场审核和征信活动，对审核组成员合理分配评价审核任务，并作出评价审核和征信时间的合理安排。

（2）审核过程安排

审核组长主持诚信管理体系评价审核首次和末次会议，负责领导层沟通。

审核评价过程及征信过程要求同 GB/T 22119—2008《信用中介组织评价服务规范 信用评级机构》中的相关规定。

8. 评价内容

（1）诚信意识评价

评价小组应该从价值观、敬业度、诚信度等方面（这些方面能反映信用主体履行承诺的意愿），综合评价受评组织的个人和团队的品质素养，这些综合评价包括以下人员的诚信意识：

① 领导层诚信意识

a）决策层诚信意识

决策层的诚信意识决定了该组织的价值观取向，决策者的品质决定了组织的创造授信、守信和营造组织诚信环境的机会。

b）管理层诚信意识

管理层的诚信意识在组织经营管理上表现为是否能够遵纪守德，履行承诺，尽到组织经营责任、道德责任、法律责任和公共责任。是一种综合现场审核后的定性评价。

② 员工诚信意识

a）关键岗位员工诚信意识

关键岗位员工的诚信意识表现在其敬业度、忠诚度、职业道德和个人品质上，影响着一个组织的诚信形象。

b）一般岗位员工诚信意识

一般岗位员工的诚信意识是一个组织诚信意识的组成部分，对营造诚信经营，构建诚信社区环境具有重要作用。

（2）诚信管理体系评价

审核组应从受评组织的诚信管理体系策划、运行、监督检测和改进等方面评价，确定组织所建诚信机制的适用性、充分性和有效性。

① 体系策划

审核组评价受评组织在建立诚信管理体系时，策划是否科学有效，应立足组织业务特点，从诚信因素识别、风险评估和控制方案制定等各方面综合评价体系策划是否到位。

a）诚信因素识别：包括常规因素识别即人员、基础条件、法规制度、道德环境、信息交流等方面能力；

b）诚信因素评价；

c）诚信因素确定；

d）特殊因素识别：包括强制性的法律法规和非强制性的社会责任因素、组织素养、发展战略；

e）诚信因素控制：包括一般因素和特殊因素控制，主要内容有：诚信目标指标设定、组织战略计划、诚信管理方案制定和合规性建设。合规性建设内容又包含诚信管理手册、程序建立和管理制度、奖惩制度和诚信信息平台建设。

② 体系运行

a）职责权限分配合理性；

b）人力资源管理及硬件资源调配合理性；

c）社会征信与信息交流运行；

d）文件与记录管理；

e）运行管理：包括正常运行状态和特殊情况下的应急处理。

③ 体系检测与改进

a）改进策划：包括合规评价、顾客调查、内部核查、相关方征信、第三方评价；

b）改进过程：包括判定失信性质、确定实施纠正、确定并实施纠正措施和确定实施预防措施。跟踪处置结果；

c）改进结果：通过内部管理评审验证体系充分性、适宜性和有效性。

（3）外部监管信息

诚信管理体系的有效运行不仅包括自律的内容，而且离不开外部监管。外部监管信息包括：

——政府监管信息；

——行业自律信息；

——社会监督信息。

9. 评价判定

评价判定采用定性和定量方法进行判定，定性分析结果对应成分值进行权重比计算。具体对应数值在实践中探索并将予以确定。

（1）定量指标评价

诚信目标、指标等数据化的评价信息可以定量表示的，用定量指标进行评价。

（2）定性指标评价

可以用优、良、中、低、差或用充分、一般、较差等来表示评价的结果。

10. 评价跟踪

（1）评价发现的整改结果跟踪

对申请组织进行现场评价以及社会征信所发现的不符合，评审组有义务跟踪组织整改结果，作为最终评价的输入信息之一。

（2）评价后失信危机预警发布机制

对于组织失信危机存在较为严重，有对社会产生重大影响倾向的组织，评审组除了向受评组织提醒外，有义务向上级监管部门客观汇报有关信息，必要时在有关平台上发布预警信息。

11. 评价结论

视评价结果性质，评价机构对受评组织做出以下结论：

推荐注册、延期推荐注册、不予推荐注册。

12. 评价监督

（1）评价支持

评审组的结论需要得到评价机构技术委员会的最终确认，所以技术委员会对审核具有监督把关职能。

（2）评价调研

评价机构有责任对评审过程进行抽样调查，评价评审过程的有效性。

（3）评价征信

评价机构设置征信平台，对评审人员和受评组织进行阶段性征信。

（4）评价管理

为保障评价过程的公正性、充分性和有效性，评审人员需与相关方签订有关保密协议、诚信承诺。当发现有违规操作情况时，执行评价机构的有关管理规定。

13. 评价处置

（1）评价公示与上报

在遵守与受评组织所签订的协议前提下，客观披露评价信息。当有对社会构成威胁的失信风险时，评价机构执行有关程序，向相关方发布预警信息。

（2）评价保存、查阅、销毁、修复

评价结构对于评价结果的保存、查阅、销毁、信用信息修复等过程执行有关规定。

（四）诚信管理体系评价与诚信评价的区别

1. 目的不同

诚信管理体系强调预防为主，旨在为组织规定有效的诚信管理体系要素，使这些要素可以与其他管理体系要求相结合，持续改进企业诚信绩效，帮助企业实现其诚信管理目标和经营管理目标，支持诚信保护和失信预防，协调它们与社会和经济需求的关系。其评价的是诚信保障能力，验证企业所建体系与标准之间的符合程度。

诚信评价是评价企业建立程序能管理体系之后的诚信表现程度。

2. 关注点不同

诚信管理体系评价以企业内部客观条件为主，衡量人员、硬件设施、制度建设、诚信环境以及诚信制度运行结果等。

诚信评价以企业外部信息为主。关注企业一段时期内诚信结果，包括产品质量、服务和经营活动。

3. 依据不同

依据的标准不同，参考的信息不同。

六、资料补充

（一）相关的主要法律、法规、规章、标准和规范

食品安全是世界食品业发展面临的重大课题和严峻挑战，不断发生的食品安全事件引起了消费者的不安，我国采取了立法、司法、行政等各种措施确保食品安全监督体制的有效性和加强对食品的管理，以对消费者负责。

1. 我国有关的主要法律、法规和规章

（1）中华人民共和国食品安全法

（2）中华人民共和国产品质量法

（3）中华人民共和国计量法

（4）中华人民共和国合同法

（5）中华人民共和国进出口商品检验法

（6）中华人民共和国标准化法

（7）中华人民共和国劳动合同法

（8）中华人民共和国农产品质量安全法

（9）中华人民共和国安全生产法

（10）中华人民共和国消费者权益保护法

（11）中华人民共和国反不正当竞争法

（12）中华人民共和国动物防疫法

（13）中华人民共和国个人所得税法

（14）中华人民共和国突发事件应对法

（15）中华人民共和国广告法

（16）中华人民共和国食品安全法实施条例

（17）广告管理条例施行细则

（18）中华人民共和国标准化法实施条例

（19）中华人民共和国计量法实施细则

（20）中华人民共和国工业产品生产许可证管理条例

（21）出口食品生产企业卫生注册登记管理规定

（22）食品标识管理规定（质检总局令第102号）

（23）食品召回管理规定（质检总局令第98号）

（24）危险化学品安全管理条例

（25）餐饮业和集体用餐配送单位卫生规范（卫监督发［2005］260号）

（26）食品流通许可证管理办法（工商总局令第44号）

2. 目前国家标准中关于食品企业的卫生规范

（1）GB 8950 罐头厂卫生规范

（2）GB 8953 酱油厂卫生规范

（3）GB 8954 食醋厂卫生规范

（4）GB 8956 蜜饯企业良好生产规范

（5）GB 8957 糕点厂卫生规范
（6）GB 12695 饮料企业良好生产规范
（7）GB 12697 果酒厂卫生规范
（8）GB 13122 面粉厂卫生规范
（9）GB 14881 食品企业通用卫生规范
（10）GB 16330 饮用天然矿泉水厂卫生规范
（11）GB 17403 巧克力厂卫生规范
（12）GB 17404 膨化食品良好生产规范
（13）GB 17405 保健食品良好生产规范
（14）GB 19303 熟肉制品企业生产卫生规范
（15）GB 19304 定型包装饮用水企业生产卫生规范
（16）GB/T 20940 肉类制品企业良好操作规范
（17）GB/T 20942 啤酒企业良好操作规范
（18）GB/T 22637 天然肠衣加工良好操作规范
（19）GB/T 23531 食品加工用酶制剂企业良好生产规范
（20）GB/T 23542 黄酒企业良好生产规范
（21）GB/T 23543 葡萄酒企业良好生产规范
（22）GB/T 23544 白酒企业良好生产规范
（23）GB/T 23734 食品生产加工小作坊质量安全控制基本要求
（24）GB 23790 粉状婴幼儿配方食品良好生产规范
（25）GB/T 23812 糕点生产及销售要求
（26）GB/T 23887 食品包装容器及材料生产企业通用良好操作规范

3. 出口食品企业的专项卫生规范

（1）出口肉类屠宰加工企业注册卫生规范
（2）出口水产品生产企业注册卫生规范
（3）出口罐头生产企业注册卫生规范
（4）出口饮料生产企业注册卫生规范
（5）出口茶叶生产企业注册卫生规范
（6）出口速冻方便食品生产企业注册卫生规范
（7）出口肠衣加工企业注册卫生规范
（8）出口速冻果蔬生产企业注册卫生规范
（9）出口泡菜生产企业注册卫生规范
（10）脱水果蔬生产注册卫生规范

4. 食品行业部分相关标准

（1）GB 2760 食品添加剂使用卫生标准
（2）GB 2761 食品中真菌毒素限量
（3）GB 2762 食品中污染物限量
（4）GB 2763 食品中农药最大残留限量
（5）GB 5749 生活饮用水卫生标准

(6) GB 7718 预包装食品标签通则
(7) GB 13432 预包装特殊膳食用食品标签通则
(8) GB 14880 食品营养强化剂使用卫生标准
(9) GB 14882 食品中放射物质限制浓度标准

5. 卫生部制定发布的有关食品卫生管理办法

(1) 食用植物油卫生管理办法
(2) 食品用塑料制品及原材料卫生管理办法
(3) 食品添加剂卫生管理办法
(4) 食品容器过氯乙烯内壁涂料卫生管理办法
(5) 食品放射卫生管理办法
(6) 防止黄曲霉毒素污染食品卫生管理办法
(7) 保健食品管理办法
(8) 混合消毒牛乳的卫生管理办法
(9) 保健食品标识规定
(10) 保健食品通用卫生要求
(11) 禁止食品加药卫生管理办法
(12) 食品营养强化剂卫生管理办法
(13) 新资源食品卫生管理办法

6. 调味品相关标准及要求

(1) GB 1351 小麦
(2) GB 1352 大豆
(3) GB 2760 食品添加剂使用卫生标准
(4) GB 2762 食品中污染物限量
(5) GB 2763 食品中农药最大残留限量
(6) GB 5461 食用盐
(7) GB 7718 预包装食品标签通则
(8) GB 10133 水产调味品卫生标准
(9) GB/T 15691 香辛料调味品通用技术条件
(10) GB 18186 酿造酱油
(11) GB 18187 酿造食醋
(12) GB/T 20903 调味品分类
(13) GB/T 20293 油辣椒
(14) QB/T 1733.4 花生酱
(15) SB/T 10005 蚝油
(16) SB/T 10260 芝麻酱
(17) SB/T 10324 鱼露
(18) SB/T 10371 鸡精调味料
(19) SB/T 10337 配制食醋
(20) SB/T 10336 配制酱油

（21）SB/T 10338 酸水解植物蛋白调味液

（22）备案有效的企业标准

7. 我国对食品、食品添加剂、食品相关产品以及餐饮业食品等方面制定的相关标准、管理办法以及检验方法标准等（略）

（二）诚信管理体系要求的机制、程序、制度、记录和档案

序号	应建立的机制	标准条款
1	诚信教育机制	引言
2	诚信因素识别机制	引言
3	诚信策划机制	4.1
4	体系运行机制	引言
5	自查自纠改进机制	引言
6	征信评价机制	引言
7	失信惩戒公示机制	引言
8	公示评价机制	4.1
9	检查改进机制	4.1

序号	程序名称	标准条款
1	诚信因素识别程序	4.3.2
2	信息交流与控制程序	4.4.3
3	文件控制程序	4.4.4
4	记录控制程序	4.4.5
5	运行控制程序	4.4.6
6	应急准备和响应程序	4.4.7
7	监视和测量控制程序	4.5.1
8	不符合识别、纠正、预防及信用修复程序	4.5.2
9	内部核查程序	4.5.3
10	合规性评价程序	4.6.1

序号	应建立的制度	标准条款
1	食品安全事故内部责任追究制度	4.4.1
2	内部征信预防制度	4.4.1
3	惩戒公示制度	4.4.1
4	内部制度：策划、采购、生产、储运、营销、服务	4.3.1
5	产品追溯、召回和上报制度	4.4.7

序号	记录名称	标准条款
1	社会责任履行记录	4.3.3
2	教育培训和能力记录	4.4.2
3	信息交流与控制记录	4.4.3
4	运行控制程序	4.4.6
5	应急准备和响应（包括演练）记录	4.4.7
6	监视和测量记录	4.5.1
7	不符合识别、纠正、预防及信用修复记录	4.5.2
8	内部核查记录	4.5.3
9	合规性评价记录	4.6.1
10	体系评价记录	4.6.2
11	征信信息记录	4.6.3

序号	应建立档案	标准条款
1	建立诚信档案	引言

（三）诚信宣言示例

示例1：

黑龙江省乳制品企业诚信承诺书

做诚信企业，让消费者放心是黑龙江乳品行业始终秉承的理念。乳品企业是良心企业，源头涉及奶农的利益，终端关系着消费者的健康，属于道德产业，良心工程。在全国食品工业企业诚信体系建设启动之际，黑龙江省乳制品企业向全国消费者作出庄严承诺：

1. 弘扬诚信理念。把“做诚信企业、让消费者放心”作为乳制品行业的核心理念，通过广泛宣传、深入教育、点滴养成、激励奖惩，使之成为乳制品行业全体员工的价值观念和行为规范，以高尚的人品生产高质量的产品。

2. 遵守诚信法规。认真贯彻执行《食品安全法》、《食品安全法实施条例》和《食品工业企业诚信体系建设工作指导意见》，严格落实国家和地方有关乳制品生产的规范和标准，不生产假冒伪劣食品、不偷工减料掺杂掺假、不以假充真、不以次充好、不收黑心奶、不产黑心乳、不赚黑心钱。

3. 坚持诚信经营。信守合同，诚信交易，公平竞争。诚实地发布经营信息，真实地宣传产品的品质和质量，及时地履行服务承诺。

4. 严格诚信管理。从奶源收购、辅料添加、运输仓储到生产加工、检验检测建立起规范、系统的管理制度。把诚信管理贯穿到各个环节，使之科学化、制度化、规范化和经常化。

5. 提供诚信产品。坚持质量第一、用户至上，严格进行产品的检验检测，做到不合格原料不进厂、不合格的产品不出厂，让广大消费者买得放心、吃得安心。

6. 履行诚信责任。开展经常性地自查自纠活动，自觉接受政府、社会和媒体的监督和评判，真心地维护消费者的权益，积极参加社会公益活动。

黑龙江省完达山乳业股份有限公司等
黑龙江82家规模以上乳制品企业
2009年12月30日

示例2：

全国婴幼儿配方乳粉生产企业诚信宣言

为履行《食品安全法》规定的责任和义务，保障乳品质量安全，维护消费者根本利益，让孩子们喝上“放心奶”，我们婴幼儿配方乳粉生产企业将严格产品质量管理，不断提高企业自身食品安全管理能力，为促进我国乳品行业健康发展做出贡献。在此我们郑重承诺：

一、坚持守法经营。自觉遵守国家法律、法规，严格执行产业政策，依法经营。

二、弘扬诚信理念。建设企业诚信文化,树立社会主义荣辱观,做诚信企业,让消费者放心。

三、践行诚信诺言。积极推行诚信管理体系，健全诚信管理制度，强化质量保障能力，落实食品安全主体责任。

四、保证产品质量。执行食品安全全程控制，把好进货检验关，保证不合格原辅料不进厂；把好产品检验关，保证不合格产品不出厂。

五、履行社会责任。视质量为生命，以诚信为根本，信守合同，服务三农，不做虚假广告，不逃避责任。

六、维护行业秩序。不争夺奶源，不哄抬奶价，不打价格战，尊重爱护同业者的声誉和形象。

七、加强行业自律。倡导行业合作，凝聚行业力量，严守行业自律，维护行业形象。

八、接受社会监督。自觉接受消费者和社会各界监督，生产优质乳粉，让千千万万婴幼儿家庭放心，让政府和社会放心！

2011年3月31日　青岛